APRENDE MEJOR CON

GIMNASIA PARA EL CEREBRO®

Paul E. Dennison
Gail E. Dennison

Body (publication/copyright page)

APRENDE MEJOR CON GIMNASIA PARA EL CEREBRO®

Título original: Brain Gym®
Traducción: Ilse K. Jakobovits y Cristina Pruneda
Cuidado de la edición: Russell Gibbon y Cristina Pruneda
Compilación: Russell Gibbon
Testimonios: Mariela Treviño, Lourdes Ramírez, Guadalupe Ignorosa Luna,
Carmen Foliot, Sonia Foliot, Marisela Díaz Méndez, Katharina Pfoerther,
Ilse Jakobovits y Russell Gibbon
Ilustraciones: Gail E. Dennison, Russell Gibbon y Louise Heller,
basadas en ilustraciones originales de Gail E. Dennison

Primera edición en Terracota: abril de 2021

© 1989, Fundación Brain Gym® International
© 2021, Editorial Terracota bajo el sello PAX

ISBN: 978-607-713-319-3

EDITORIAL
TERRACOTA

DR © 2021, Editorial Terracota, SA de CV
Av. Cuauhtémoc 1430
Col. Santa Cruz Atoyac
03310 Ciudad de México

Tel. 55 5335 0090
www.terradelibros.com

Impreso en México / *Printed in Mexico*

2025   2024   2023   2022   2021
  5   4   3   2   1

Dedicado a nuestros hijos:
John, Joanne,
Laurie, Valerie
y Thomas
y los dones especiales que comparten

A pesar de que se ha demostrado que estos movimientos no son peligrosos y que son efectivos para nuestros estudiantes, siempre es recomendable consultar con un médico antes de comenzar cualquier programa de ejercicios.

ÍNDICE

Prefacio a la segunda edición en español

Russell Gibbon
Director de Gimnasia para el cerebro, México

Es un enorme placer para mí dar la bienvenida a esta nueva edición en español de un libro clásico y original, escrito por el doctor Paul E. Dennison y Gail E. Dennison. La Gimnasia para el cerebro (*Brain Gym®*) llegó a la vida gracias al trabajo pionero del psicólogo clínico y educador, el doctor Dennison, en 1969, quien creó los 26 movimientos de Gimnasia para el cerebro como una manera de ayudar a sus alumnos a superar sus dificultades en la lectura. En poco tiempo resultó evidente que lo que el doctor Dennison había creado podía beneficiar a todas las personas y no solo a los alumnos que tuvieran dificultades para leer. A lo largo de los años 70 y 80, e inclusive hasta la fecha, los Dennison hicieron investigaciones y refinaron los movimientos de la Gimnasia para el cerebro y del más amplio sistema de Kinesiología Educativa, conforme ellos mismos y sus alumnos obtenían cada vez mayores logros.

Este breve pero muy práctico libro de referencia de Gimnasia para el cerebro fue publicado por primera vez en inglés en 1986 y rápidamente se hizo muy conocido, tanto entre adultos como entre niños. Combinado con las explicaciones detalladas de los movimientos que aparecen en el libro *Cómo enseñar Gimnasia para el cerebro*, este libro es una parte esencial de todo salón de clases actual. También es una maravillosa herramienta de aprendizaje para padres, para utilizar con sus niños en todos los aspectos de la vida y del aprendizaje, y no únicamente para los retos académicos. Realmente puede funcionar como una guía esencial de bolsillo para todo aquel que quiera estar más alerta, atento y presente, y tener acceso a su cerebro completo.

RECONOCIMIENTOS ESPECIALES

A los miembros de la Fundación *Touch for Health Kinesiology* Centro de Aprendizaje Valley Remedial.

Dr. John F. Thie, D.C. y otros, que promovieron el uso de la kinesiología con el propósito de mantener la salud, orientando nuestra atención a la importancia de los ejercicios energetizantes.

A Francis Mahony por su validación de la técnica de activación muscular.

Y, especialmente, a nuestros cientos de maestros y consultores de Kinesiología Educativa/Gimnasia para el cerebro que ejercen en todo el mundo.

Entre los que merecen una mención especial están Phillip Crockford (San Francisco), Coby Schasfoort (Holanda), Trevor Savage y Barry Summerfield (Australia), Calleen Carroll (Colorado), Patti SteurerLenk (Oregon), Richard Harnack (Missouri) y Dorothy Lenk (Pennsylvania), quienes implementaron este programa con entusiasmo.

Mensaje para padres y educadores

La Gimnasia para el cerebro consiste de movimientos y actividades simples y agradables que usamos con nuestros estudiantes de Kinesiología Educativa para realzar su experiencia del aprendizaje cerebral integrado. Estas actividades facilitan todo tipo de aprendizaje, pero son especialmente eficaces para las actividades académicas.

La palabra *educación* viene de la palabra latina *educare* que significa "sacar". Kinesiología viene de la raíz griega *kinesis* que significa "movimiento". Es el estudio del movimiento del cuerpo humano. La Kinesiología Educativa es un sistema que da más poder a estudiantes de cualquier edad, ayudando a liberar los potenciales bloqueados en el cuerpo.

Los educadores se han dedicado al problema del fracaso en nuestros colegios ideando programas para motivar, atraer, reforzar, instruir e "imprimir" el aprendizaje. Estos programas tuvieron éxito hasta cierto punto. Sin embargo, ¿por qué algunos niños aprenden tan bien y otros no? En la Kinesiología Educativa observamos que algunos niños "aprenden con mucho esfuerzo", "desconectando" así el mecanismo de la integración cerebral necesario para el aprendizaje óptimo. La información es recibida en el cerebro posterior como una "impresión", pero es inaccesible al cerebro anterior para su "expresión". Esta inhabilidad de "expresar" lo que ha aprendido ata al estudiante en un síndrome de fracaso.

La solución, descubierta por las investigaciones de la Kinesiología Educativa, es el aprendizaje cerebral integrado a través de la remodelación de movimientos y actividades de la Gimnasia para el cerebro, que permiten al estudiante el acceso a aquellas partes del cerebro previamente inasequibles para él. Los cambios en el aprendizaje y en el comportamiento del estudiante son, a menudo, inmediatos y profundos cuando descubre cómo recibir información y expresarse simultáneamente.

En Edu-Kinesiología para chicos (Edu-K) enseñamos los procedimientos de la transformación de patrones neurológicos que recomendamos a todos los que quieran mejorar la calidad de su vida, el aprendizaje y el placer del movimiento. La Gimnasia para el cerebro enseña aquellas actividades simples que han cambiado tantas vidas desde que se introdujeron por primera vez en 1969. Aunque las actividades de la Gimnasia para el cerebro ayudan a cualquier estudiante, joven o adulto, para aumentar su potencial, estas ofrecen una mayor efectividad después del uso de la Remodelación de Patrones o Lateralidad.

Muchos profesores usan a diario todas las actividades de este libro en sus salones de clase. Otros solo utilizan los movimientos relacionados con la lectura durante la hora de lectura. Estos movimientos de cuerpo y energía, recogidos de antiguas disciplinas como el yoga y la digitopuntura, han sido modificados y adaptados a las necesidades especiales de quienes estudian en nuestra cultura moderna, altamente tecnológica. Este pequeño libro fue escrito para que las personas puedan sentir la energía de estos movimientos en las actividades de su vida diaria. Los estudiantes nos dicen que los hacen automáticamente, sabiendo simplemente cuándo pueden beneficiarse con algo de la Gimnasia para el cerebro.

Por supuesto, a nadie se le exige que se mueva en una forma que no sea natural o que sea incómoda. El estudiante debe trabajar dentro de sus propias limitaciones, y debe ser alentado pero nunca forzado a realizar cualquiera de estas actividades.

Después de introducir la Gimnasia para el cerebro a los estudiantes, parece que les encanta, la piden, se la enseñan a sus amigos y la integran en su vida sin la ayuda de un preceptor o de supervisión. El profesor hábil que goza del movimiento no tendrá dificultad en transmitir esta motivación.

Empieza la gimnasia

¡Hola! Todos vamos a la Gimnasia para el cerebro. Unos pocos minutos allá nos proporcionan una gran energía mental durante todo el día.

Antes odiábamos leer, escribir y estudiar. Mirábamos televisión todo el día.

Ahora nos encanta estudiar y tenemos energía para todas nuestras actividades. Y lo mejor de todo: cuando nos atoramos sabemos qué hacer para salir adelante.

¡Hola! Soy Gaby. Me encanta hacer la Gimnasia para el cerebro. El colegio solía ser un esfuerzo terrible para mí. Sacaba buenas notas, pero no tenía tiempo para mí misma. Hacer la Gimnasia para el cerebro es como poner en marcha el motor. Siento cómo me zumba todo el cerebro. ¡Todo me resulta tan fácil ahora!

Movimientos de la línea media

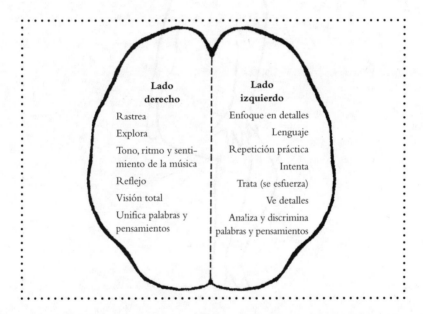

Lado derecho	Lado izquierdo
Rastrea	Enfoque en detalles
Explora	Lenguaje
Tono, ritmo y sentimiento de la música	Repetición práctica
	Intenta
Reflejo	Trata (se esfuerza)
Visión total	Ve detalles
Unifica palabras y pensamientos	Analiza y discrimina palabras y pensamientos

Este es un esquema de mi cerebro mirándote de frente. El hemisferio izquierdo está activo cuando uso el lado derecho de mi cuerpo. El hemisferio derecho activa el lado izquierdo del cuerpo. Al pensar en una X mi cerebro sabe que quiero usar ambos lados de mi cuerpo al mismo tiempo. Los **Movimientos de la línea media** son actividades de la Gimnasia para el cerebro que me ayudan a practicar usando ambos hemisferios a la vez, en armonía, haciendo que la X trabaje mejor cada vez.

Gateo cruzado

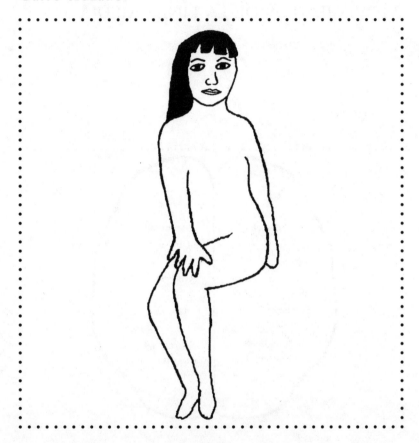

Cada mañana hacemos el **Gateo cruzado,** al ritmo de la música. Yo coordino el movimiento en tal forma que, al mover un brazo, la pierna del lado opuesto de mi cuerpo se mueve al mismo tiempo. Me muevo hacia adelante, hacia los lados y hacia atrás, y muevo los ojos en todas direcciones. De vez en cuando toco con mi mano la rodilla opuesta para "ayudarme a cruzar la línea media". Cuando ambos hemisferios cerebrales trabajan juntos así, me siento realmente listo para aprender cosas nuevas.

Ocho perezoso

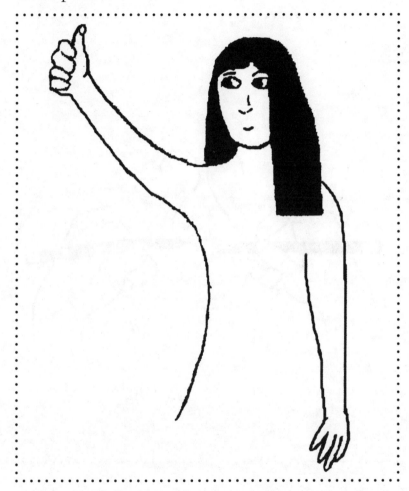

Mi papá dibuja el **Ocho perezoso** conmigo. Él dice que solía olvidar palabras y perder el hilo cuando leía. Ahora hacemos turnos leyéndonos uno al otro. Vamos a la biblioteca juntos ¡y nos divertimos tanto con los libros! Traza el **Ocho perezoso** tres veces con cada mano, y luego tres veces con las manos juntas.

Garabato doble

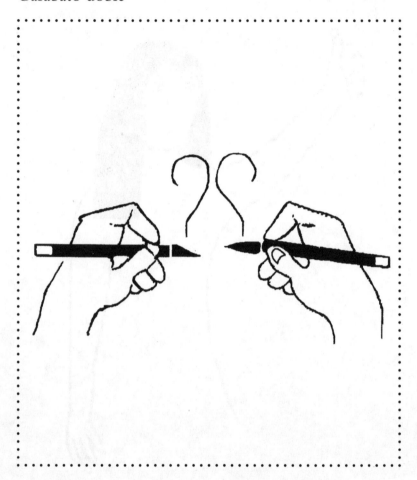

Nunca pensé que tenía talento de artista antes de usar la Gimnasia para el cerebro. Ahora hago el **Garabato doble**, dibujando con ambas manos al mismo tiempo, "hacia adentro", "afuera", "arriba" y "abajo". Siempre quedo sorprendida de las formas interesantes que creo, y ¡cuán relajados se sienten mis brazos y ojos! Además, se me hace mucho más fácil escribir ahora.

Ocho alfabético

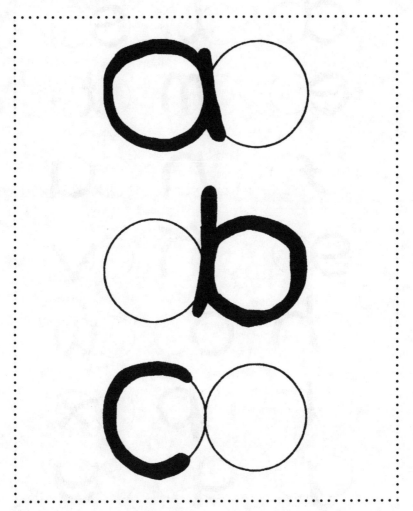

En cuanto siento que mi escritura parece desordenada, yo practico mi **Ocho alfabético**, colocando cada letra en su lugar en el **Ocho perezoso**. Así puedo pensar en forma creativa y escribir al mismo tiempo.

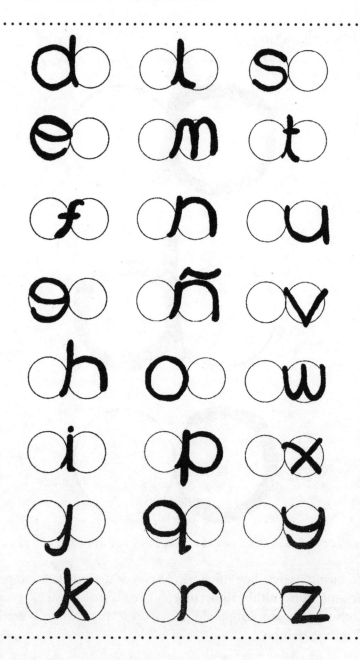

El elefante

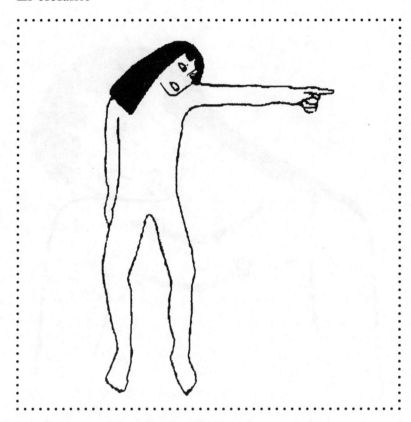

Mamá y yo hacemos **El elefante** juntas. Ella dice que esto relaja su cuello y sus ojos. A mí me gusta deletrear palabras (y las tablas de multiplicar) en el aire con "mi trompa". ¡Así nunca se me olvidarán! **El elefante** también me ayuda a escuchar mejor. Dobla tus rodillas un poco, "pega" tu cabeza al hombro y apunta con tu brazo-mano hacia adelante. Traza un **Ocho perezoso** moviendo la parte superior de tu cuerpo con ayuda de las costillas. Mira más allá de tus dedos (no importa si ves dos manos). Repite con el otro brazo.

Rotación de cuello

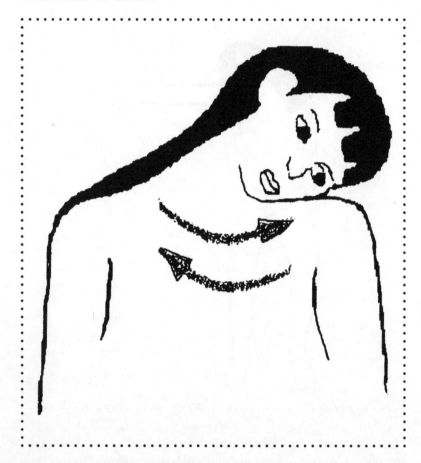

Hago la **Rotación de cuello** encogiendo mis hombros, hasta sentir relajarse toda la tensión. Agacha tu cabeza hacia adelante, y ahora gírala suavemente de lado a lado, exhalando al mismo tiempo la tensión.

Levanta tu mentón y continúa los giros. Repítelo con los hombros caídos. ¡Después de esto mi voz suena más fuerte cuando leo y hablo!

La mecedora

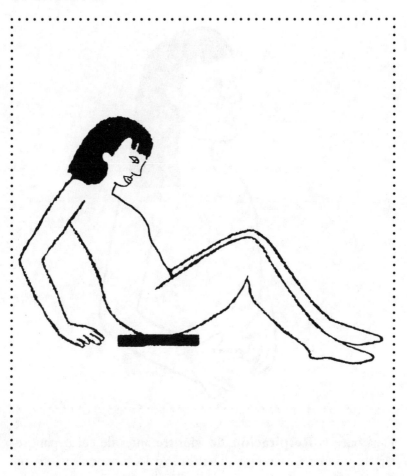

Me encanta hacer **La mecedora** en casa después de clases. Esto relaja mis caderas después de estar sentada tomando notas. Sentada en el suelo me inclino hacia atrás, apoyándome en mis manos y masajeando mis caderas y la parte posterior de las piernas, balanceándome en círculos, hacia atrás y adelante, hasta que se disipa la tensión.

Respiración de vientre

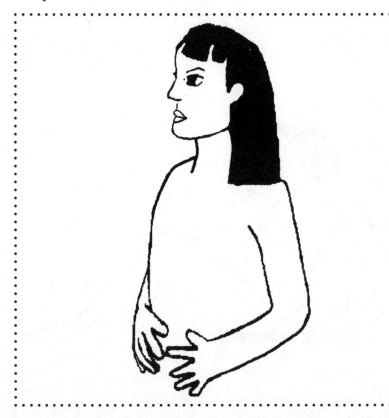

Papá hace la **Respiración de vientre** antes de cenar para relajarse y tener una mejor digestión. Yo lo hago en cuanto me siento un poco tensa o nerviosa. ¡Y ahora sé cómo tranquilizarme rápidamente! Descansa tu mano en el abdomen. Exhala con soplidos cortos y pequeños (como si quisieras mantener una pluma en el aire). Inhala lenta y profundamente, llenándote suavemente como un globo. Tu mano subirá lentamente durante la inhalación y bajará cuando exhales. Si arqueas la espalda después de inhalar, el aire hará bajar el diafragma aún más.

Gateo cruzado en el suelo

El **Gateo cruzado en el suelo** es mi ejercicio favorito de calentamiento para deportes y juegos. Pretendo que voy pedaleando en una bicicleta mientras toco con un codo la rodilla opuesta.

¡Mi mente y mi cuerpo se sienten tan despejados!

El energetizador

Mamá hace **El energetizador** para relajarse después de un día pesado. Dice que esto la refresca para las actividades de la tarde. A veces lo hacemos juntas.

Exhala toda tu tensión. Luego inhala tranquilamente, llenando tus pulmones con aire hasta la cintura. Tu cabeza se alzará fácilmente, seguida por tu torso. Tu cuerpo inferior permanece relajado. Sugerimos hacerlo sentado frente a una cubierta o repisa donde puedas apoyar las manos. Inhala lentamente levantando la cabeza y tórax, luego exhala arqueando la columna, doblando los codos y pasando la cabeza y tórax entre las manos.

Mira una X

Nuestro equipo de voleibol es realmente ¡e**X**celente! Mis amigos y yo hacemos actividades de la Gimnasia para el cerebro antes de empezar nuestro juego. Así todos podemos movernos y pensar más fácilmente, ¡y el otro equipo no parece tan peligroso! Durante el juego voy pensando en una **X** para alcanzar mi mejor rendimiento en todo momento.

Actividades de estiramiento

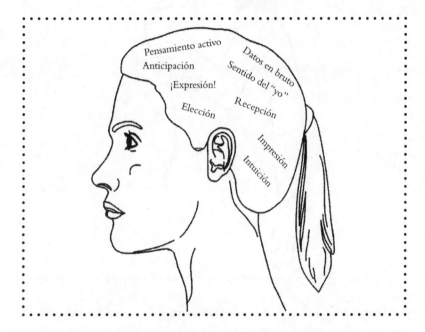

Las **Actividades de estiramiento** de la Gimnasia para el cerebro me ayudan a asumir una postura de avance que me lleva donde quiero ir. Cuando siento que estoy reteniendo algo o no puedo expresar lo que sé, hago mis **Actividades de estiramiento**.

Luego me siento más animada y puedo gozar participando otra vez.

El búho

El búho relaja esas pequeñas tensiones que aparecen cuando te sientas a leer por mucho rato. Descansa por un momento para hacer **El búho**, y así estar mas fresco para la próxima lección. Toma el músculo del hombro y apriétalo firmemente. Voltea la cabeza mirando sobre tu hombro. Inhala profundamente y echa los hombros hacia atrás. Ahora mira sobre el otro hombro abriendo los hombros de nuevo. Baja el mentón sobre el pecho y exhala profundamente, relajando tus músculos completamente. Repítelo, ahora apretando con tu mano el hombro opuesto.

Activación de brazo

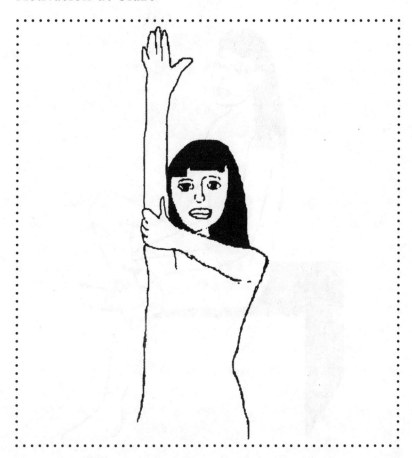

La **Activación de brazo** mejora la letra, ayuda a deletrear, ¡y a escribir creativamente también! Mantén un brazo cerca de la oreja. Exhala suavemente con tus labios fruncidos, mientras activas los músculos de ese brazo empujádolo contra la mano opuesta en las cuatro direcciones (adelante, atrás, adentro y afuera). Laura dice que sus hombros se sienten relajados y ella está lista para trabajar.

Flexión de pie

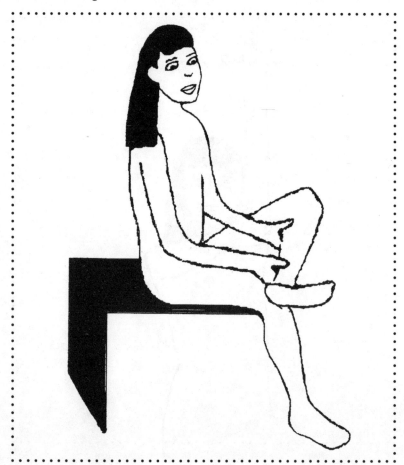

A veces Laura no puede recordar las palabras aunque sabe las respuestas. Cuando le sucede esto, ella hace la **Flexión de pie** (esto ayuda a "conectar" rápidamente la zona del lenguaje en el cerebro). Pon tus dedos en los puntos delicados del tobillo, la pantorrilla y por detrás de la rodilla, uno a la vez, mientras vas apuntando y doblando lentamente el pie.

Bombeo de pantorrilla

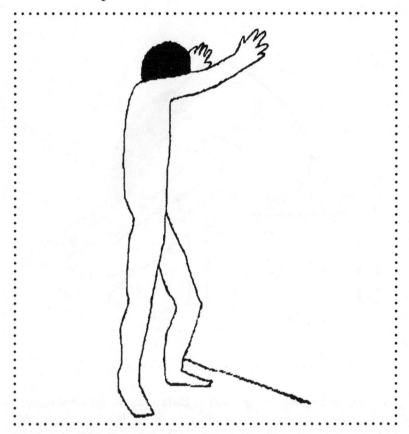

El **Bombeo de pantorrilla** te ayuda a estar más motivado y listo para moverte. Nosotros lo hacemos cuando nos sentimos "atorados". Coloca un pie detrás del otro. Mientras te inclinas hacia adelante exhalando y con la rodilla delantera doblada, baja el talón del pie que está por detrás suavemente hasta el suelo. Luego relájate, levanta el talón y respira profundamente. Repítelo tres veces con cada lado. Cuanto más dobles la rodilla delantera, tanto más estiramiento sentirás en la pantorrilla.

Balanceo de gravedad

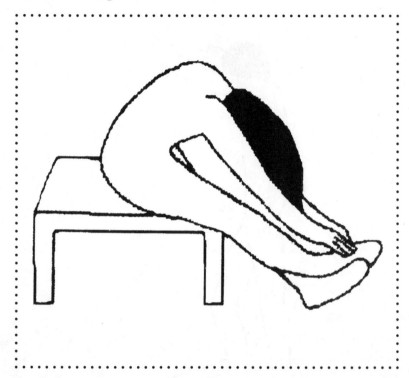

Mi papá dice que le gusta hacer el **Balanceo de gravedad** después de estar sentado todo el día o manejando en su coche. Yo lo hago antes del futbol y otros deportes. Sentado (o de pie, ¡pero cuidado con la columna vertebral!) cruza tus tobillos. Mantén tus rodillas sueltas. Cuando te sientas firme, dóblate hacia adelante, estirando tus brazos como queriendo alcanzar algo frente a ti, exhalando al mismo tiempo, y luego levanta los brazos juntos hacia un lado mientras vas inhalando. Repítelo tres veces y luego cambia el cruce de las piernas.

Mi cuerpo se siente mucho más liviano después de hacer este ejercicio.

Toma a tierra

La **Toma a tierra** te ayuda a enfocar la energía en lo que estás haciendo. Empieza con tus piernas cómodamente separadas.

Apunta con tu pie derecho hacia la derecha. Mantén el pie izquierdo apuntando hacia adelante. Ahora dobla la rodilla derecha mientras vas soltando el aire, luego inhala al enderezar la rodilla derecha de nuevo. Mantén las caderas derechas. Esto fortalece los músculos de la cadera (lo sientes en la pierna estirada) y ayuda a estabilizar la espalda. Hazlo tres veces y luego repítelo con el lado izquierdo.

Movimientos de energía

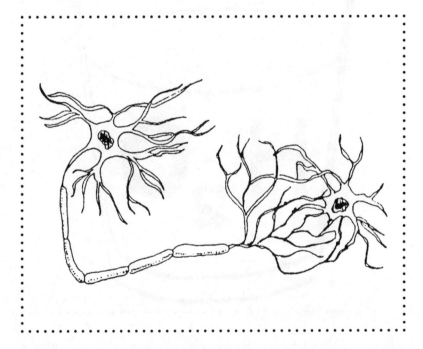

En clase de Ciencias aprendemos que el cerebro tiene billones de células nerviosas pequeñísimas llamadas neuronas. Al igual que los teléfonos, estas conectan diferentes circuitos en el cuerpo. Cuando hago los **Movimientos de energía** siento como que estoy enganchando estas conexiones para que así mi sistema interior de comunicación trabaje aún mejor.

Agua

Laura y yo ayudamos a mamá con las compras. Nos sentimos de lo mejor cuando comemos alimentos que contienen **agua** natural, como frutas y verduras, y cuando bebemos mucha **agua** buena y limpia. En Ciencias aprendemos que el cuerpo consiste de $\frac{2}{3}$ partes de **agua** (un conductor necesario para todas las reacciones eléctricas y químicas). ¡Más importante aún, yo sé lo limpio y bien que me siento por dentro gracias al **agua**!

Botones de cerebro

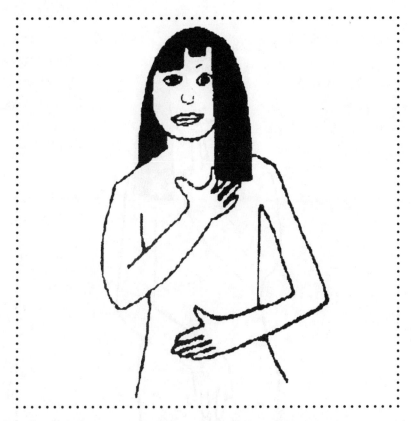

Mi abuelo usa los **Botones de cerebro** antes de leer o usar los ojos. Leer ya no es un esfuerzo para él. Mientras coloca una mano sobre el ombligo, él masajea fuerte debajo de la clavícula hacia ambos lados del esternón.

A veces, mientras uso los **Botones de cerebro**, me imagino que tengo un pincel en mi nariz y pinto una *mariposa* como un **Ocho perezoso** en el cielo raso o, sencillamente *trazo* una línea recta con los ojos donde se junta la pared con el techo. Enseguida, mis ojos se deslizan fácilmente sobre las palabras cuando leo.

Botones de tierra

Mi abuelita prefiere los **Movimientos de energía**. Ella usa los **Botones de tierra** cuando hace cálculos para sus gastos o sus cheques. "¡Puedo calcular más rápido ahora que cuando asistía a la universidad de joven!", me cuenta, "¡y con más precisión!" Coloca dos dedos en el mentón y descansa la otra mano en el ombligo (o en el reborde superior del hueso púbico). Sube la energía por el centro del cuerpo con cada respiración profunda.

Botones de equilibrio

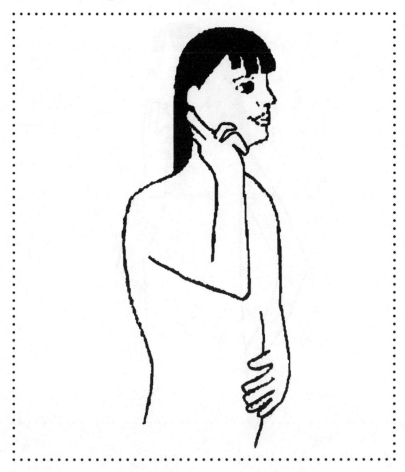

Papá me está enseñando a usar la computadora. Usamos los **Botones de equilibrio** para mantener nuestros cuerpos relajados y nuestra mente alerta. Con dos dedos toca la hendidura de la base del cráneo; descansa la otra mano en el ombligo. Levanta la energía respirando profundo. Después de un minuto, toca detrás de la otra oreja.

Botones de espacio

Mamá dice que los **Botones de espacio** le ayudan a aclarar la mente para el tipo de decisiones rápidas que tiene que tomar en el trabajo. Coloca dos dedos por arriba de tu labio superior y descansa la otra mano en el cóccix; sostenlas ahí por un minuto, subiendo la energía por la columna con cada inhalación.

A veces hago los Botones de tierra y de espacio juntos. Masajeo firmemente encima del labio superior y en el mentón, mientras enfoco mi vista hacia abajo y luego hacia arriba varias veces.

Bostezo energético

Josué y yo tenemos nuestra propia banda de música: "Los pája-
ros azules". Juntos usamos el **Bostezo energético** para relajar
nuestras voces. ¡Nos ayuda para crear música también! Simula
bostezar. Coloca las yemas de tus dedos en cualquier punto tenso
de tus mandíbulas. Haz un sonido profundo, relajado, como si
bostezaras, disipando suavemente esa tensión.

Sombreros de pensamiento

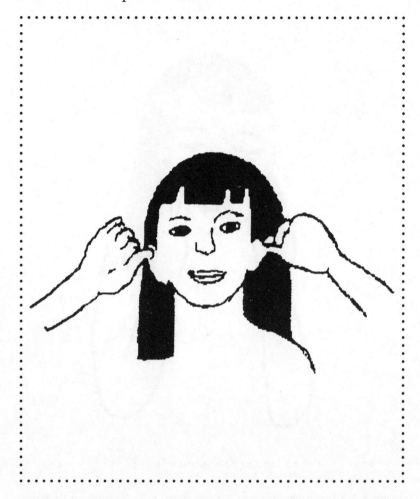

"Pongámonos nuestros **Sombreros de pensamiento,** Josué", le recuerdo. (A veces se distrae y no escucha lo que le estoy diciendo). Yo también me lo pongo, porque me ayuda a escuchar el sonido de mi propia voz cuando hablo o canto. Suavemente dobla tus orejas hacia atrás, tres veces, desde arriba hacia abajo.

ACTITUDES DE PROFUNDIZACIÓN

Ganchos

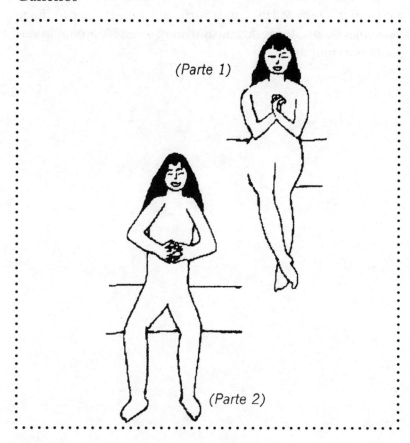

(Parte 1)

(Parte 2)

Hacemos los **Ganchos** siempre que nos sentimos tristes, confundidos o enojados, lo cual nos alegra en un momento. Esta actividad se hace en dos etapas. Mi abuelo está haciendo la primera parte y mi abuelita la segunda etapa.

Primero, coloca el tobillo izquierdo sobre la rodilla derecha. Luego engancha la mano derecha en tu tobillo izquierdo. Ahora pon la mano izquierda en la planta del pie izquierdo (algunas personas prefieren sentarse con el tobillo derecho sobre la rodilla izquierda). Permanece en esta posición por un minuto, repirando profundo, con los ojos cerrados y la lengua contra el paladar de la boca. Durante la segunda parte, descruza las piernas, junta las yemas de tus dedos de ambas manos, y respira profundo durante otro minuto.

Puntos positivos

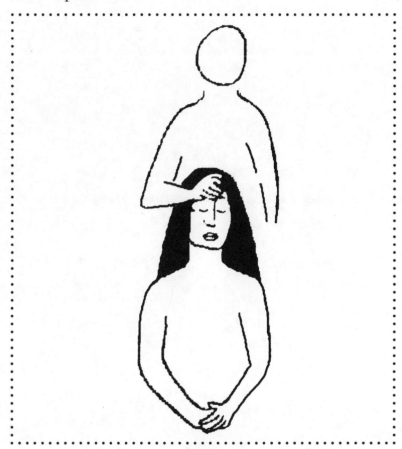

Siempre usamos los **Puntos positivos** en nosotros mismos o ayudando a otras personas cuando nos sentimos nerviosos o asustados. Sabemos que podemos conseguir nuestras metas cuando dejamos de preocuparnos por algo y empezamos a confrontarlo. En menos de un minuto nos sentiremos calmados, planeando el futuro. Los **Puntos positivos** se tocan muy suavemente. Los puntos están en la frente, entre las cejas y la línea del pelo.

Cómo preparar nuestro cerebro para aprender: paso

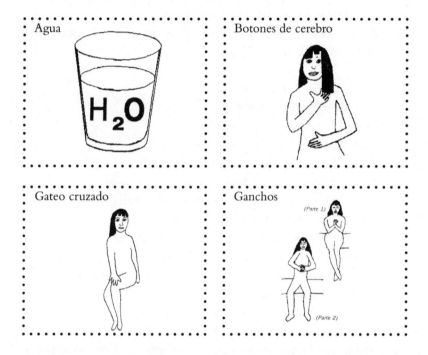

Agua	Botones de cerebro
H_2O	
Gateo cruzado	Ganchos (Parte 1) (Parte 2)

La herramienta más versátil y más potente para preparar nuestro cerebro para aprender es la secuencia esencial de movimientos de Gimnasia para el cerebro, conocida como el PASO. Cada letra que conforma la palabra PASO indica los beneficios de cada movimiento.

La P de PASO es de actitud POSITIVA. Así es como nos sentimos después de practicar el movimiento de los Ganchos: estamos más relajados y positivos.

La A de PASO es de estar ACTIVO, resultado de practicar el movimiento del Gateo cruzado. Entre nuestros dos hemisferios cerebrales habrá contactos más activos y mejor comunicación.

La S de PASO es de SANEA: es el beneficio que obtenemos cada vez que practicamos Botones de cerebro.

La O de PASO es por el incremento del OXÍGENO que el cerebro obtiene cada vez que tomamos agua.

El PASO nos da ingenio y nos prepara antes de cualquier evento. Puedes hacerlo:

- antes de empezar el día
- antes de entrar a clases
- antes de resolver un examen
- antes de una lección de manejo o prueba
- antes de una reunión importante, entrevista o presentación
- antes de practicar algún deporte o actividad
- antes de expresar algo que nos resulta difícil
- cuando sientas que estás estresado
- antes de conocer a alguien que te resulta difícil tratar
- después de un susto o una mala noticia
- antes de una situación que sabemos que nos resultará difícil
- cada vez que lo desees

Recuerda que el PASO se hace al revés: primero bebes agua; después haces los Botones del cerebro; luego el Gateo cruzado y finalizas con los Ganchos.

¡Enseña a tus amigos y a tu familia a utilizar el PASO!

Metáfora de integración cerebral

He aquí un movimiento adicional de Gimnasia para el cerebro que puedes practicar cada vez que desees tener acceso a todo tu cerebro, para pensar, para estar en condiciones óptimas.

De pie o sentado, ponte cómodo y cierra los ojos. Centra la atención en tu cabeza mientras colocas ambas manos mostrando la palma hacia arriba, frente a ti, con los brazos estirados. Mueve lentamente la mano izquierda y coloca la palma sobre el lado lateral izquierdo de tu cabeza. Imagina que con esa mano puedes, de manera temporal, "sacar" y examinar el hemisferio izquierdo de tu cerebro. Imagina ahora que, al poner la mano frente a ti, puedes observar toda la belleza y esplendor de esa parte de tu cerebro. Examina y aprecia ese hemisferio; con gentileza repite el ejercicio con tu mano derecha. En este punto, ¡imagina tener ambos hemisferios delante de ti!

Cuando hayas terminado de apreciar, disfrutar, respetar y dar cariño a tu maravilloso cerebro, lenta, gentil y cuidadosamente une las manos con suavidad (todavía con tus brazos estirados frente a ti), y entrelaza los dedos, para simbolizar un cerebro completo, conectado y trabajando bien. Ahora, puedes "colocarlo en su sitio", haciendo un símbolo, "regresando" con suavidad el cerebro a tu cabeza. Repite este ejercicio cuantas veces lo desees.

Algunas personas perciben movimientos y sensaciones dentro de su cabeza al realizar el ejercicio.

Cómo combinar los movimientos para el trabajo y el juego

Destreza para la lectura:

Lectura fácil
Botones de cerebro, pág. 43
Gateo cruzado, pág. 20
Ocho perezoso, pág. 21
Traza una línea con tus ojos
de lado a lado

Leer en voz alta
Rotación de cuello, pág. 26
Bostezo energético, pág. 47
Gateo cruzado, pág. 20
La mecedora, pág. 27
Respiración de vientre, pág. 28

Habilidades para pensar:

Aprender y responder
Flexión de pie, pág. 36
Bombeo de pantorrilla, pág. 37
Toma a tierra, pág. 39

Deletrear o resolver ejercicios matemáticos
Botones de tierra, pág. 44
Botones de espacio, pág. 46
Botones de equilibrio, pág. 45

Deletrear mejor
El elefante, pág. 25
Sombreros de pensamiento, pág. 48
El búho, pág. 34

Técnicas matemáticas
El elefante pág. 25
El búho, pág. 34
Bombeo de pantorrilla, pág. 37
Rotación de cuello, pág. 26
Balanceo de gravedad, pág. 38

Habilidades para escribir:

Escribir con creatividad y expresividad
Bombeo de pantorrilla, pág. 37
Flexión de pie, pág. 36
Bostezo energético, pág. 47

Dibujar y pintar
Ocho perezoso, pág. 21
Ocho alfabético, pág. 23
Activación de brazo, pág. 35
Garabato doble, pág. 22

Habilidades de autoconciencia:

Técnicas para el deporte y el juego
Mira una X, pág. 31
Gateo cruzado, pág. 20
Botones de equilibrio, pág. 45
La mecedora, pág. 27
Botones de espacio, pág. 46
El energetizador, pág. 30

Brillo interior
Puntos positivos, pág. 51
Ganchos, pág. 49
Botones de equilibrio, pág. 45

Escuchar y hablar con claridad
Sombreros de pensamiento, pág. 48
Gateo cruzado, pág. 20
El elefante, pág. 25
Ganchos, pág. 49

Habilidades para el estudio:

Lectura rápida
Gateo cruzado, pág. 20
Botones de equilibrio, pág. 45
Puntos positivos, pág. 51
Rotación de cuello, pág. 26
Ocho perezoso, pág. 21
Gateo cruzado, pág. 20
Cualquier actividad de estiramiento, págs. 33-39

Concentración
Gateo cruzado, pág. 20
El energetizador, pág. 30

Relajarse antes de exámenes
Agua, pág. 42
Ocho perezoso, pág. 21
Botones de tierra, pág. 44
Botones de espacio, pág. 46
Ganchos, pág. 49
Gateo cruzado, pág. 20

Ecología personal:

Para estar "conectados"
Agua, pág. 42
Ganchos, pág. 49
Rotación de cuello, pág. 26

Para viajar
Ocho perezoso, pág. 21
Botones de equilibrio, pág. 45
Puntos positivos, pág. 51
Ganchos, pág. 49
Rotación de cuello, pág. 26

¡Bienvenido a Gimnasia para el cerebro!

Algunos días estamos más ocupados que otros. Si no tenemos tiempo para hacer otras actividades de la Gimnasia para el cerebro, asegurémonos de hacer las **tres básicas**: beber agua, masajearse los Botones de cerebro, y hacer los Ganchos... Esto nos ayuda a obtener un nivel mínimo de equilibrio y, al menos, reduce cualquier estrés hasta que tengamos más tiempo para hacer algo por nosotros mismos.

Lo que otros niños opinan de la Gimnasia para el cerebro

Desde que conocí los ejercicios de Gimnasia para el cerebro, con la maestra Lupita, en 5° y 6° grados de primaria, empecé a destacar en basquetbol y logré el primer lugar en aprovechamiento de toda la escuela. Acabo de terminar el primer grado de secundaria y tuve también el primer lugar en aprovechamiento; también obtuve el primer lugar en el concurso de oratoria. Yo recomiendo los ejercicios de Gimnasia para el cerebro a todos.

Gilberto Parra Leyva, 12 años, Ciudad de México

Con los ejercicios de Gimnasia para el cerebro que aprendí con la maestra Lupita ya no le tengo miedo al maestro José del turno matutino, he logrado mejorar mis calificaciones y ya no me castigan por mala conducta.

Raúl, 8 años, Escuela de Participación Social 6, Ciudad de México

El balanceo que tuvo más efecto en mí fue uno que hice para curarme del miedo a las abejas y avispas. Ahora ni siquiera pienso en el miedo cuando veo una avispa.

Emilia, 12 años, Gran Bretaña

En el curso *Niños divertidos* que tomamos el sábado pasado, me gustó todo muchísimo, pero especialmente los movimientos de Gimnasia para el cerebro y los juegos. Es bueno para mí en cada parte de mi vida.

José Eduardo, 8 años, Ciudad de México

Descubrí que puedo leer con rapidez. Percibo la historia completa antes de ver las palabras.

Estudiante de 16 años, Australia

Querido Dr. Dennison:
Me encanta hacer Gimnasia para el cerebro. Mis movimientos favoritos son El búho, Activación de brazo, Bostezo energético, y El elefante. Me gusta que mi maestra haga conmigo El búho y Activación de brazo. ¡Dice que me estoy haciendo fuerte!

Creo que la Gimnasia para el cerebro me ha ayudado a aprender cómo brincar un obstáculo. ¡Ahora ya puedo correr y hacer 18 saltos de obstáculos! Cuando empecé, no podía hacer casi nada.

Tengo 12 años y voy en quinto de primaria; en mi escuela en Georgia, EUA, hacemos toda la Gimnasia para el cerebro que queremos o necesitamos, todos los días. Algunas veces, cuando me duele la cabeza, tomo agua, me siento y hago Ganchos. Me ayuda a sentirme mejor.

La Gimnasia para el cerebro me ayuda a pensar mejor. Si no puedo recordar las tablas de multiplicar, me levanto, hago un poco de Gimnasia para el cerebro y las recuerdo.

Muchas gracias por inventar la Gimnasia para el cerebro, qué bueno que nuestra maestra nos la enseñó.

Atentamente, Luke Adams

APÉNDICE:
PARA PADRES Y MAESTROS

¿Qué es la Gimnasia para el cerebro?

Gail Dennison,
cocreadora de Gimnasia para el cerebro

La Gimnasia para el cerebro es un programa orientado al aprendizaje, utilizado en escuelas, hogares y empresas en más de ochenta países alrededor del mundo. Está basado en las investigaciones realizadas por el doctor Paul Dennison y su esposa, Gail Dennison, y se practica con movimientos. Fue condecorado por la fundación estadounider ,e para el aprendizaje (United States National Learning Foundation) y por Reading Excellence Through the Arts, una división de la asociación internacional para la lectura (International Reading Association) en Estados Unidos de América.

Los padres de familia que se dedican a investigar qué enseñan a sus hijos en la escuela y cómo lo hacen, nos inspiran un gran respeto. Esta inquietud forma parte esencial del bienestar de nuestros jóvenes y también de las escuelas. El programa de Gimnasia para el cerebro no enseña yoga, meditación, budismo ni doctrina religiosa alguna. Los 26 movimientos que lo integran fueron estudiados y desarrollados durante 35 años por el matrimonio Dennison. Dichos movimientos están basados en el desarrollo humano y relacionados con reflejos específicos e identificados que los niños llevan a cabo de manera natural, si han tenido suficiente libertad para el movimiento físico y si no han sufrido alguna lesión o estrés que hayan inhibido las experiencias naturales de movimiento.

Nuestra generación, como la de nuestros padres y abuelos, no se caracterizaba por tener niños sedentarios (o personas sedentarias, en general) como sucede hoy en día. Quizá en ninguna otra época de la historia los niños han dedicado tanto tiempo a estar sentados y tan poco a caminar, correr, trepar, por ejemplo. Las actividades de Gimnasia para el cerebro son eficaces porque están enfocadas a practicar los movimientos específicos de los cuales dependen las habilidades auditiva, visual y táctil. La destreza académica también depende de que estén desarrolladas estas habilidades, que podríamos llamar destrezas físicas (y no mentales) del aprendizaje.

Ocho de los movimientos clave (Ochos perezosos, Garabato doble, Ochos alfabéticos, Mira una X, El elefante, Bostezo energético, Gateo cruzado y El búho) fueron desarrollados a partir del trabajo experimental realizado por el doctor Dennison con optometristas especializados en desarrollo, con quienes compartió oficinas en los centros de lectura durante la década de 1960.

Cinco movimientos (Gateo cruzado en el suelo, Activación de brazo, Flexión de pie, Bombeo de pantorrilla y Rotación de cuello) son modificaciones o fueron tomados directamente de movimientos comunes utilizados como calentamiento por distintos atletas.

Nueve de ellos (Agua, La mecedora, Botones de equilibrio, Botones de cerebro, Sombreros de pensamiento, Puntos positivos, Ganchos y Botones de tierra y de espacio) son derivaciones de los principales puntos de acupuntura y su relación con el sistema nervioso central, adaptados en procesos como la kinesiología aplicada y el toque sanador. Los cuatro Botones también desarrollan las destrezas visuales descritas por la optometría para el desarrollo.

Los cuatro movimientos restantes (Respiración de vientre, El energetizador, Toma a tierra y Balanceo de gravedad) son adaptaciones de movimientos de disciplinas como la danza moderna y el balanceo postural. Agradecemos su interés y esperamos que esta información responda las preguntas acerca de la naturaleza y origen de las actividades de Gimnasia para el cerebro. Estas son parte de un sistema más amplio y completo de Kinesiología Educativa; para cursos, información y consulta privada, por favor diríjase a:

Russell Gibbon y Cristina Pruneda Arte del Cambio
Apartado Postal 5099, Col. Cuauhtémoc, Ciudad de México,
C. P. 06500.
Teléfono: (5255) 55 11 07 94, 56 55 90 26
Correo electrónico: mariacristinapruneda@hotmail.com
Páginas en internet: www.cika.com.mx
www.braingym.com.mx
www.braingymlatino.com

Hacia un aprendizaje integrado, eficaz, pleno, fascinante y significativo

Cristina Pruneda
Entrevista al doctor Paul E. Dennison, publicada en Australia

¿Cuál es la razón por la que el movimiento corporal permite que ocurra el aprendizaje?
Afirmamos que el movimiento corporal es la puerta de entrada al aprendizaje porque es la forma natural en que los niños aprenden. Los niños sanos se mueven. Por alguna razón, el movimiento de los músculos activa al cerebro e inicia los conductos neurológicos y la mayor parte del proceso de aprendizaje. Los niños se mueven e imitan, saben cuán importante es repetir las cosas, especialmente mediante el movimiento corporal. Por lo tanto, tener niños inmóviles, ya sea sentados o de pie, realmente

implica un daño, ya que impide que ocurra una buena parte del aprendizaje. Para que el aprendizaje sea completo necesitas moverte. Puedes memorizar mucha información, pero ello no es un aprendizaje auténtico, no es verdaderamente útil pues te ves imposibilitado de hacer algo con los datos. Para aprender realmente bien, necesitas sentir este aprendizaje en tu cuerpo y tus músculos: el aprendizaje necesita asociaciones encarnadas en el cuerpo mismo.

¿A quién beneficia la Gimnasia para el cerebro?
¿Únicamente a los niños?
Está dedicada al desarrollo integral del niño y a introducir este sistema en las escuelas. Sin embargo, contamos con un programa muy especializado y tecnologías muy elaboradas para ayudar a los adultos. De hecho, la mayor parte de las personas con las que trabajo son adultos, y en lo que se refiere a los niños, trabajamos con los padres, siempre que sea posible, lo cual tiene efectos muy benéficos. La Gimnasia para el cerebro es para todas las personas. Si todo el mundo acudiera a nuestra consulta con la mentalidad de un niño de 7 años y totalmente listo y receptivo al aprendizaje, sería fantástico. El aprendizaje significativo se logra jugando, por lo que solicitamos a los adultos que jueguen con la Gimnasia para el cerebro.

Paul, ¿cuáles son las funciones neurológicas de nuestro cuerpo
que hacen que el movimiento sea un componente
fundamental del aprendizaje?
El cerebro vive múltiples estados de desarrollo y, en su momento inicial, lo único que hay es movimiento. El movimiento es vida, las células se mueven y el niño se mueve. En Gimnasia para el cerebro hablamos mucho del Cerebro Triuno. La primera parte del cerebro es para los movimientos reflejo, para sobrevivir durante el parto y el primer año de vida. A partir de este momento,

se desarrollan conductos neurológicos cada vez más complejos. Emitimos sonidos para activar los músculos, después desarrollamos el lenguaje. Así, la evolución misma del cerebro a través de millones de años hasta su nivel racional y lingüístico, reside totalmente en los músculos.

Fueron los músculos los que crearon al cerebro, no al revés. Y todos los niños deben alcanzar este recuerdo primordial y reaprender a aprender, tal como lo hicimos en las fases más orgánicas o primigenias de nuestra especie.

Mencionaste al Cerebro Triuno. ¿Qué impacto tiene un Balanceo de Edu-K/Gimnasia para el cerebro en todos los aspectos del Cerebro Triuno?

El Cerebro Triuno representa las tres partes de nuestro cerebro. El tallo o cerebro reptiliano es la capa cerebral que se desarrolla primero. Evoluciona a partir de nuestros movimientos reflejo, de cómo aprendemos a respirar y a movernos, así como del desarrollo de todos nuestros sentidos. Es entonces cuando se desarrolla el segundo cerebro, llamado mamífero, correspondiente a estos seres vivos. Este cerebro nos permite jugar e interactuar con el mundo. Corresponde a las actividades que realizamos con las manos, el tacto, el uso de juguetes y el juego con los demás; aprendemos con este cerebro a convivir en grupo, a lidiar con la sociedad. Aquí es donde aprendemos a amar y a sentir, a manejar nuestras emociones. Esta parte del cerebro es crucial, porque organiza al todo cerebral. Sin cerebro medio, y lo que llamamos el funcionamiento del sistema límbico, no podría ocurrir ningún tipo de aprendizaje. Todo lo que aprendemos tiene que "pasar" por esta parte del cerebro mediante una asociacion de un sentimiento o de un movimiento.

Construimos nuestra experiencia del pasado conforme agregamos nuevas experiencias. Es entonces cuando se desarrolla la siguiente parte del cerebro: la corteza, el cerebro neomamífero o neocorteza. Esta es la región que la mayor parte de las personas asocian con la materia gris. Aquí realizamos los razonamientos abstractos, el pensamiento, el lenguaje y la comunicación. Debido a que utilizamos este cerebro más conscientemente, pensamos que este es "el cerebro" y que todas nuestras acciones son racionales. Como si solo tuviéramos que decidir hacer algo para poder entonces hacerlo. No nos damos cuenta de que los cerebros más primitivos están funcionando constantemente y que realmente pueden controlar nuestro comportamiento, rebasando o cooptando al cerebro racional.

Así, el funcionamiento del tallo cerebral ocurre por reflejo. Se le llama reptiliano porque funciona por debajo del nivel del sentimiento. A menudo toma decisiones que son "de sangre fría". La siguiente capa del cerebro, la mamífera, gobierna las reacciones de tipo amor-juego, o el reflejo de "lucha o huida", para escapar o salir rápidamente de alguna situación. Estas respuestas son más emocionales.

Todos nuestros comportamientos necesitan estar equilibrados. Deseamos estar en contacto con todos nuestros cerebros. También con nuestros sentimientos, con nuestros cuerpos y con nuestros movimientos. Y necesitamos ser racionales, articular bien los conceptos y aprender. Cuando todos estos elementos colaboran armoniosamente, gozamos de un rendimiento y actuación cerebrales óptimos e integrales: los talentos y capacidades de los tres cerebros operan en una forma integrada.

Por lo tanto, tenemos dimensiones en Edu-K donde las personas aprenden cómo enfocar su atención (la dimensión del enfoque), a equilibrar sus reflejos, a distanciarse de una situación con el propósito de dirigirnos hacia ella (abstraernos) —dimensión de la lateralidad— y a lograr una sensación de arraigo mediante la dimensión del centraje, lo cual nos abre opciones distintas a la del ataque o la huida. Podemos tener un mejor contacto con la tierra y sentirnos sólidos, en conexión con nuestros cimientos, al tiempo que pensamos racionalmente y nos comunicamos. En Edu-K hemos desarrollado un sistema increíble para lograr que ojos, oídos y manos trabajen juntos, haciendo que el aprendizaje sea divertido, fluido y se logre sin esfuerzo, lo cual en sí, es signo de un rendimiento cerebral total.

¿Cuál es la visión de la Kinesiología
Educativa/Edu-K?
En el nuevo milenio, en nuestra visión están personas que vivan, amen y aprendan en forma integrada. Equilibrar todas las tecnologías disponibles con el hecho de habitar nuestros cuerpos. Utilizar los increíbles cuerpos que tenemos para que las profecías que vaticinan seres robóticos con cerebros gigantes y cuerpos atrofiados no se cumplan. Por ello, todos los sistemas educativos que nos hacen aterrizar en nuestra conciencia corporal, en la interacción con los demás y con el juego, me entusiasman. Me aterran las historias de personas que pasan el día sentadas desempeñando funciones en el mundo virtual. Y es muy emocionante ver a las personas descubrir el poder que reside en sus propios cuerpos y que empiezan a desempeñarse mejor. Es muy emocionante, por ejemplo, ver niños que saben cuándo apagar la computadora y se dan un momento para reequilibrarse; que beben suficiente agua y que hacen lo justo para lograr aprendizajes plenos, eficaces y placenteros.

Tenemos Edu-K en los deportes y en los negocios, y cada vez más, nos introducimos en todos los estilos de vida. Una vez que las personas tienen la experiencia propia de los beneficios de Gimnasia para el cerebro, aman nuestro trabajo. Hemos desarrollado distintas formas para dirigirnos a los diversos públicos, y nos encontramos con que las personas siempre necesitan de estas herramientas básicas. Por lo general, jamás han escuchado de algo parecido a la Gimnasia para el cerebro, por lo que cuando aprenden nuestros ejercicios de integración psicomotora se sienten muy agradecidos. Y lo que es mejor: continúan con la práctica de Edu-K. La gente quiere herramientas que funcionen y la kinesiología ofrece un lenguaje que nos permite interactuar con ella. Y sin importar en qué consista la kinesiología, lo que resulta más maravilloso es que unos pueden ayudar a otros, escuchar la historia de alguien en dificultades y proporcionarle los medios para superarlas.

La escucha y el cuidado de los otros son ingredientes esenciales en el desarrollo de la práctica de Edu-K. Pienso que esto es lo que hace que funcione la Kinesiología Educativa. Mucha gente piensa que es su propia manera de hacer las cosas la que funciona, que es una técnica en particular la que da los mejores resultados, pero después de una práctica de muchos años, te puedo asegurar que no todo es técnica. El éxito reside en el amor, y si hay amor, logramos buenos resultados.

Garabato doble: una ventana a la visión holista del cerebro

Gail. E. Dennison

Petición a quienes supervisan la educación

Me dirijo a todos mis amigos de la juventud, a quienes suplico ser compasivos ante mi infortunado destino, de modo que pueda hacer a un lado los prejuicios de que he sido objeto. Somos hermanas gemelas, igual que los ojos del ser humano, no habría mayor semejanza ni seríamos capaces de estar en mejores términos si no fuera por la parcialidad de nuestros padres, quienes han hecho la más injuriosa diferencia entre ambas.

Desde la infancia, he sido inducida a considerar que mi hermana tiene un nivel más alto de educación. He crecido con el sufrimiento de no ser tomada en cuenta, mientras que a ella nada le era negado para su instrucción. Tuvo maestros para enseñarla a escribir, dibujar, ejecutar música y otros logros pero, si por casualidad yo tocaba un lápiz o una aguja, era reprendida y, en más de una ocasión, golpeada por ser torpe y desear ser agraciada.

¿Deberían nuestros padres arrepentirse por haber hecho una diferencia excesiva entre hermanas tan perfectamente iguales? Es una lástima que deba sucumbir ante tal congoja, pues no estuvo en mi poder siquiera garabatear una súplica para pedir alivio...

Pido al lector sensibilizar a mis progenitores sobre la injusticia debida a su cariño parcial y la necesidad para que distribuyan su cuidado y afecto entre sus dos hijas por igual.

Quedo con profundo respeto, su obediente servidora,

La mano izquierda

El texto anterior fue escrito por Benjamín Franklin, estadista estadounidense, filósofo, escritor e inventor, quien propuso incluir el uso de ambas manos en la educación. (En The Power of Your Other Hand; A Course in Channeling the Inner Wisdom of the Right Brain, *Lucía Capacchione, Newcastle Publishing Co., Inc., California, 1988.)*

En 2001 y 2002, durante cuatro talleres de arte impartidos después de clases en el condado de Ventura, en California, tuve el gran placer de familiarizar a niños entre 7 y 12 años con la experiencia artística que es el Garabato doble. Describiré dos agradables ejemplos de lo que los niños produjeron.

Las sesiones iniciaban con el dibujo del Garabato doble, primero en el aire y después en grandes hojas de papel periódico; después hacíamos los Ochos perezosos para destacar la diferenciación manual, así como la utilización de las dos manos de manera recíproca. Con los alumnos mayores fuimos agregando una vez por semana durante las primeras cuatro, y de uno en uno, los cuatro movimientos de la Gimnasia para el cerebro que conforman el PASO (vea la página 53).

El objetivo de las sesiones era divertirse, descubrir que nos llamaba visualmente la atención y aprender a notar cómo era nuestro nivel de tensión o relajación, especialmente en nuestros ojos y manos. Todos los estudiantes habían desarrollado la destreza manual y todos eran diestros. Los participantes sobrepasaron mis expectativas en cuanto a la eficacia de los programas, criterio que incluía demostrar confianza para disfrutar distintos materiales de dibujo (crayones, marcadores, acuarelas) y descubrir nuevos modos para utilizarlos, así como en mostrar el progreso en la habilidad para:

- Verbalizar experiencias visuales acerca del arte (esto muestra mejoras en la comunicación verbal).
- Percibir patrones de forma y distinguir líneas, así como capturarlas en papel (muestra mejoras en la percepción visual y espacial).
- Crear de manera espontánea imágenes y líneas fluidas, más que dibujar líneas de modo fragmentado y analítico (muestra mejoras en creatividad y coordinación mano-ojo).
- Utilizar simultáneamente ambas manos para dibujar o pintar (muestra la capacidad de tomar riesgos, y una mejorada integración visual y de los hemisferios).
- Yuxtaponer, en la misma página, imágenes globales y detalles finos (muestra una mejora en la integración de los hemisferios).

Desde el primer día, varios alumnos estuvieron encantados con la versión ambidiestra del Garabato doble, y practicaron dibujando imágenes basadas en el Garabato doble y los Ochos perezosos: elección que significaba dejar de controlar el movimiento de la mano para usar movimientos más fluidos. Algunos alumnos tomaron el lápiz o el crayón con más soltura cuando colocaron el papel al centro del campo visual y escribieron con mayor facilidad, lo cual indica una mejor vista binocular. Pude notar que había más exploración espontánea del campo visual medio, junto con otros cambios inmediatos en dichos alumnos, que me ayudó a percibir el valor del Garabato doble como una manera juguetona de satisfacer un gran número de necesidades visuales y perceptivas.

Mi trabajo con Paul sobre la visión temprana

El trabajo con aquellos niños fue para mí como una recompensa por los años que había dedicado a investigar sobre la vista a través del arte y mis experimentos con el movimiento. Cuando mi esposo, Paul Dennison, y yo comenzamos a trabajar juntos en 1983, las innovaciones en el área de la vista fue lo que más profundamente me conmovió. Como había estudiado durante un largo tiempo cómo mejorar la visión natural, me sentí muy atraída hacia el nuevo modo de pensar de Paul sobre la destreza visual basada en la integración del cuerpo. En los primeros días, utilizábamos con frecuencia los procesos que él había desarrollado para entrenar la vista, mientras sondeábamos ideas y poníamos en práctica el balanceo.

Tras dos años de enseñar Edu-K con Paul —y practicar docenas de distintos balanceos relacionados con la vista— comencé a notar modelos en mi propia visión que quise explorar: en especial los relacionados con la habilidad manual. También tenía la intención de ayudar a Paul a organizar y poner por escrito la vasta información con que contaba acerca de la vista. Me parecía importante identificar las características significativas de los distintos procesos visuales y coordinar estas como habilidades académicas y de la vida diaria. En 1985 lo que surgió de nuestra exploración y mi esfuerzo por sistematizar las áreas específicas en que las personas tienen un crecimiento al realizar el balanceo, fue el curso sobre Visión Creativa. El trabajo sobre los Círculos de visión que comencé en 1985 y presenté por vez primera en

1986 conforman mi segunda recopilación del material: en un formato más accesible, bastante más extenso y con marcada influencia de mi investigación personal y experiencia de vida. Lo que no pude ver en ese momento era la manera en que tal exploración habría de activar mis propias compensaciones visuales y reverberar en todas las áreas de mi vida.

Trascendiendo patrones de supervivencia

No pasó mucho tiempo para que me diera cuenta de que los patrones de movimiento que yo misma utilizaba al leer —para almacenar e interpretar información— estaban intrincadamente ligados a mi sistema de supervivencia; de hecho, habían puesto en riesgo mi respuesta de supervivencia, desviándola de su verdadero sentido: ayudarme a interactuar de manera segura en un mundo tridimensional. El proceso de seguir una línea impresa —o de pensar de manera lineal— se había convertido en sí mismo en un reflejo de supervivencia. El aspecto de mi cerebro y su funcionamiento lineal, lingüístico y temporal dominaban mi cerebro espacial, tridimensional, al grado de que cada vez me resultaba más difícil dejar de leer o pensar, relajarme y solo estar.

Conforme el balanceo me permitía percibir un incremento en mis aptitudes cinestésica y táctil mediante mi sistema visual, mi amor por la belleza adquirió una dimensión más amplia. Descubrí que mis ojos formaban nuevas relaciones con todo aquello que veían. Comencé a usar los ojos como umbral hacia el deleite de los sentidos: podía elegir observar lo que me hacía sentir más alegre, clara, amorosa, y lo que me generara placer y una enseñanza más profunda. Podía elegir mirar desde una perspectiva de cooperación e interrelación, más que desde la mera supervivencia. Era mi elección sentir mi vivacidad —mi animación y resonancia— en este mundo bello, nutriente y tridimensional en que vivo y respiro. Ocasionalmente, la vieja sensación me detenía, haciéndome retroceder una y otra vez en un estado de temor y análisis, cuando evitaba sensaciones de incomodidad asociadas con afianzarme en mi centro y en la Tierra.

Ambidextralidad: una fuente arcaica

El Garabato doble es uno de los movimientos de la Gimnasia para el cerebro al que recurro frecuentemente, cuando quiero volver a utilizar la visión que integra los dos hemisferios cerebrales y aprender más de ella. El Garabato doble es una actividad sencilla, pero multidimensional, que me permite compartir algo de lo que he aprendido sobre la destreza visual. Paul había comenzado a usar también el dibujo doble como una actividad más en sus centros de enseñanza alternativa (Valley Remedial Group Learning Centers) en 1973, cuando descubrió la labor del doctor G.N. Gettman, autor de los libros *How to Develop Your Child's Intelligence* y *Smart in Everything Except School*. El primero destaca que el uso de ambas manos juntas no solo promueve una visión sana de los dos ojos, sino que también apoya el desarrollo cooperativo de los dos hemisferios cerebrales. Las actividades de dibujo bilateral que Gettman presenta son muy específicas: una mano sigue un diseño impreso y la otra copia el trazo. Considere el lector que, durante millones de años, la destreza humana en el uso de las dos manos en el contexto de un movimiento completo del cuerpo para la interacción con otros objetos era parte crucial de la vida: habilidad de la cual dependían tanto la salud como la supervivencia. En un mundo orientado hacia lo mental y altamente competitivo, lo abstracto y la simbología para codificar y decodificar usados en la lectura, la escritura y el pensamiento no eran necesarios para sobrevivir. Considere las actividades que involucraban ambas manos, como alcanzar y abrazar, jugar o alimentar. Piense cómo es sembrar un jardín, cosechar frutos o vegetales o encender fuego. Traiga a la mente la sensación cinestésica de partir zanahorias, de preparar un alimento y comerlo. Recuerde lo que sentía al jugar o hacer un deporte, moldear barro o tocar guitarra. Considere los bellos diseños de Garabatos dobles que encontramos en la artesanía hogareña de antaño, como los mosaicos, los sobrecamas, los encajes o la cestería.

Placeres tan vivificantes como crear algo bello o abrazar a un hijo de manera natural invitan al uso de ambas manos y ojos, unidos en un sinergismo dinámico. Manos y ojos toman turnos para guiarse y coordinarse, involucrando los dos hemisferios en una interrelación que provoca el aprendizaje y la diversidad, más que el conflicto y la parcialidad.

Haciendo contacto con el mundo

¿De qué manera podemos ayudarnos —a nosotros y a nuestros jóvenes— a hacer un uso amoroso de nuestros ojos y manos? Si consideramos el desarrollo infantil, podemos ver la importancia de los reflejos bilaterales y homólogos de manos y pies que ocurren de manera natural. Por ejemplo, imagine a un bebé acostado sobre el estómago, empujando con sus dos manos para levantar la cabeza y el pecho; o extendiendo sus brazos para que un adulto lo cargue. Tales movimientos, originados en el centro del cuerpo, incluyen el campo visual medio y, quizá, el cuerpo entero, extendiéndose hacia las manos como puntas terminales o "puntos de presión", para hacer contacto con el mundo. En su libro sobre la inteligencia natural y la integración de mente y cuerpo con el desarrollo humano (*Natural Intelligence: Body-Mind Integration and Human Development*), Susan Aposhyan, psicoterapeuta dedicada al cuerpo-mente como un todo, describe la manera en que estos dos impulsos duales de las manos denotan relación, sea para establecer límites o hacer contacto íntimo. Dichas actividades que involucran ambas manos nos enseñan a movernos e interactuar desde el centro del cuerpo.

Cuando uno hace el Garabato doble, progresa de manera natural de una a otra destreza del desarrollo.

Primero, la actividad de empujar y alcanzar realizada por la parte superior del cuerpo activa nuestro centro. La organización lateral del cerebro ocurre al coordinar ambas manos, conforme una mano aprende a guiar y la otra a seguir y colaborar. Puede seguir la coordinación visual, con las manos guiando a los ojos, y luego, quizás, la coordinación mano-ojo, en que los ojos repasan la imagen y aportan a las manos la siguiente acción.

He encontrado que la actividad del Garabato doble es adaptable e invita a una integración lúdica para personas de cualquier edad y habilidad, pues uno no necesita haber desarrollado la destreza manual para llevarla a cabo. Me gusta empezar haciendo los Garabatos dobles en el aire o sobre alguna superficie con textura (tela, pasto, arena, arroz, o en la espalda de un compañero) y después trabajar en la "especialización" de Garabato doble sobre papel, utilizando materiales como pintura digital o de almidón. Cualquiera que pueda mover sus dedos sobre un papel puede hacer el Garabato doble y deleitarse con él: hacer los diseños provoca un gran placer y no induce a la competencia. El movimiento es calmante y rítmico; genera espontaneidad y es divertido hacerlo con música de fondo.

Una vez establecidas las destrezas para sujetar un lápiz, el Garabato doble puede reducir la tensión de la mano, muy común en los niños de primaria. Puede ayudar a establecer la visión binocular, y facilita el cambio de la visión centralizada a la periférica y viceversa. Al trazar el contorno de un objeto simétrico (un tazón, jarra o juguete), una persona puede explorar la integración de la facultad táctil con la percepción cinestésica de movimiento y forma del cuerpo.

Para los niños mayores, el Garabato doble es altamente adaptable para utilizar crayones, marcadores y acuarelas. Los niños pueden aprender a observar y copiar diseños con habilidad, desarrollando discernimiento tanto cinestésico como visual, conforme identifican las distintas formas —de nuevo, utilizando operaciones concretas que aumentan las destrezas visuales y de lenguaje.

El movimiento manual del Garabato doble nos da tiempo para enfocarnos en la sensación armoniosa o eurítmica del movimiento simultáneo de las manos y los ojos. Las formas, angulares o fluidas, del movimiento recíproco de las manos se hacen más evidentes. El campo medio del cuerpo, donde la visión binocular y la ambidextralidad se sienten con mayor intensidad, se hace más palpable conforme negociamos la línea media.

El Garabato doble, igual que los Ochos perezosos, promueve el movimiento calmante y sacádico de los ojos, que tanto necesitamos, dado el estilo de vida del mundo actual —por ejemplo, las constantes fluctuaciones oculares que ocurren cuando observamos con detenimiento y receptividad las hojas de un árbol movidas por el viento—. Además, la actividad motora vertical y horizontal de la parte superior del cuerpo, necesaria para hacer el Garabato doble, aumenta la sensación de estar bien parados en la tierra; también oxigena el cuerpo y mejora el flujo linfático.

He visto que el Garabato doble es la introducción ideal para "mini lecciones" sobre tamaño, peso, forma y dirección, los cuales pueden ser vividos y traducidos a una imagen en papel. Todo este juego alrededor de la línea media contribuye a incrementar las conexiones neuronales y al desarrollo de influencias positivas en cuanto a destrezas visuales y habilidades de lenguaje; asimismo, da un sentido general de tranquilidad en el trabajo del campo visual medio. Ofrece una manera óptima de "jugar con papel" que puede preparar al infante a sentirse cercano al uso de papel y lápiz antes del aprendizaje unilateral de la mano.

Considere el lector la naturalidad con que emergen las imágenes en una exploración de formas alfa o "tipo a" (lado derecho del cerebro). ¿Cuáles formas podríamos explorar conforme movemos nuestras manos hacia arriba, hacia afuera y en círculos (una manzana, naranja, pera, una pelota, ruedas)? Durante los talleres de arte que impartía después de clases noté en mis alumnos un fluido movimiento en espiral, facilidad para los movimientos oculares sacádicos y las cualidades de maleabilidad y expansividad mientras los jóvenes hacían dichas formas. Ahora considere una exploración de formas beta. ¿Cuáles son algunas de las formas beta o "tipo b" (lado izquierdo del cerebro) que podríamos explorar conforme movemos nuestras manos hacia abajo, hacia afuera y cruzan (líneas, ángulos, tijeras, una mesa)? Noté, en los niños, que aumentó el número de veces en que fijaban la vista y que contraían los músculos de la mano y antebrazo mientras hacían dichas formas.

Durante las sesiones que teníamos después de clases, observé a varios alumnos aprendiendo a igualar patrones mientras copiaban imágenes en el Garabato doble. Algunos aprendían a seguir de manera metódica el "modo sentido" —el sentido cinestésico del contorno de un objeto—. Otros iban más allá para explorar una organización más compleja de formas. Y un número pequeño, descubrió el pensamiento de orden elevado necesario para la improvisación y el gozo puro de la creatividad que de ella se deriva.

Partes de este texto fueron publicadas en el manual *Edu-K Gathering Conference Manual*, publicado por IAK GMBH en Freiburg, Alemania, 2001.

Atendiendo necesidades especiales en Nicaragua

Katherina Pfoertner

Desde finales del siglo xx, el gobierno de Nicaragua ha promovido de manera activa programas diseñados para apoyar a niños y adultos jóvenes diagnosticados con desórdenes mentales o discapacidades físicas. Soy maestra en Los Pipitas, un centro especializado que fue diseñado a partir de dicha visión, y localizado en Estelí. En mayo de 1994 asistí al primer taller de Gimnasia para el cerebro en Nicaragua conducido por Ilse Jakobovits, enfermera diplomada e instructora visitante. Después del taller de Ilse comencé a utilizar la Gimnasia para el cerebro en mi trabajo en Los Pipitas y también a enseñar las técnicas a los demás maestros. En junio de 1996 me convertí en instructora de Gimnasia para el cerebro y desde entonces he enseñado Edu-K tanto como me ha sido posible. Poco tiempo después, varios representantes del gobierno nicaragüense asistieron a una de las sesiones de Ilse, y luego, el Ministerio de Educación expresó su deseo de incluir el método Edu-K como parte del sistema educativo.

Hemos utilizado la Gimnasia para el cerebro en Los Pipitas desde 1994 en grupos de personas diagnosticadas con diversos desórdenes mentales, emocionales y físicos. Fue evidente la manera en que las actividades de la gimnasia mejoraban el funcionamiento y calidad de vida de ese tipo de estudiantes. Dado el gran número de personas que asisten al centro de Los Pipitas, nos es imposible dar consultas privadas o hacer balanceos privados. Sin embargo, damos asesoramiento personal inicial y seguimiento mediante una evaluación bienal del progreso de cada estudiante. Los participantes aprenden muy bien las actividades de la Gimnasia para el cerebro; cuando llega un nuevo integrante es asistido por los otros niños y adultos y, conforme adquiere experiencia, el ciclo del trabajo conjunto continúa.

Nuestro programa atiende tres grupos de edades distintas. Todas las mañanas nos reunimos con el primer grupo, cuyo rango de edad es de 16 a 35 años, y trabajamos en aumentar su autoestima y ofrecer habilidades básicas para el trabajo. El segundo grupo, niños y niñas de 5 a 15 años, se reúnen con nosotros una tarde por semana para jugar y aprender habilidades académicas; lo que llamamos trabajo de recreación educativa. Con el tercer grupo, infantes de 4 años y menores, nos centramos en la integración de las habilidades experimentales. Más adelante detallaré los resultados de nuestro trabajo con los primeros dos grupos.

Además de guiar el progreso individual de los niños, también ayudamos a realizar cambios positivos en la dinámica familiar. En las primeras etapas, era común encontrar resistencia por parte de los padres y de quienes cuidaban a los infántes. Por vergüenza, algunas personas se habían acostumbrado a ocultar en casa a sus hijos. Una parte fundamental de nuestro trabajo es alentar a dichos padres y familiares a acompañar a sus hijos al centro para que aprendan a jugar e interactuar con ellos. Fue un arduo trabajo convencerlos de que nuestro programa en Los Pipitos ofrece verdadera esperanza, aunque algunos de ellos se han involucrado activamente, incluso practican los movimientos de Gimnasia para el cerebro con sus hijos en sus hogares.

Adultos jóvenes que desarrollan destrezas de vida

La mayoría de los 28 adultos jóvenes que participaron en una sesión sobre autoestima habían tenido una infancia difícil. Muchos habían sido abandonados; otros habían sido encerrados o explotados por su familia. Nuestra meta en Los Pipitos es ayudar a dichos individuos a desarrollar un sentido de autosuficiencia y respeto a ellos mismos, y al mismo tiempo enseñarles habilidades prácticas e higiene personal. Quienes toman lecciones de autoestima se reúnen todas las mañanas de 8:00 a 11:30. Empezamos la sesión con actividades de Gimnasia para el cerebro para mejorar la atención y la coordinación, para facilitar las lecciones de cocina, costura, actividades manuales o de agricultura. Los participantes preparan sus propias comidas, y después disfrutan un tiempo de recreo y entretenimiento.

Incorporamos Gimnasia para el cerebro como actividad regular al lado de actividades con otros enfoques, como el programa de terapia ocupacional, el cual provee estimulación sensorial a través de la música y las artes plásticas. La Gimnasia para el cerebro tiene un efecto positivo en el desarrollo de los estudiantes en Los Pipitos. Sus experiencias demuestran un patrón de éxito que es una constante en nuestro trabajo, aunque para cada individuo y su familia represente no menos que un milagro. Algunas de sus historias son las siguientes:

G.T. acudió a nosotros con un diagnóstico de retardo mental profundo. A la edad de 28 años era extremadamente tímida. No podía hablar ni relacionarse socialmente. Era incapaz de expresar sus deseos. Al principio, no podía incluso sostener un lápiz. Durante los primeros dos años trabajamos con G.T. una vez por semana. Después lo hicimos diariamente durante más de dos años. Actualmente asiste todavía al Centro y es capaz llegar en autobús por sí misma. Hoy en día, G.T. es una persona comunicativa, y expresa sus sentimientos, tanto verbalmente como por medio de gesticulaciones. Traza y colorea dibujos sencillos y puede llevar a cabo tareas sencillas de costura. Se ha integrado bien a su grupo.

A.I.C., de 23 años, había sido diagnosticada como hemipléjica (parálisis lateral como resultado de una lesión en el centro motor del cerebro). Cuando llegó a Los Pipitos era muy insegura en sus movimientos y con frecuencia perdía el equilibrio; algunas veces incluso se caía. También presentaba dificultad para comunicarse con algún grado de claridad. Después de participar en nuestro programa, A.I.C. parece transformada. No solo ya no sufre caídas, ahora puede correr, brincar y bailar. Por si fuera poco, es firme al expresar sus deseos. Es sociable, participa, y le encanta platicar lo que sucede en casa.

R.P.G. comenzó a acudir al Centro en 1992, a la edad de 18 años; la habían diagnosticado con retraso mental; también mostraba características de autismo. En esa época, sus movimientos no tenían dirección ni propósito, y su conducta era con frecuencia autodestructiva. Cuando hablaba, lo hacía sin aparente deseo de comunicar. Parecía vivir en un mundo propio, desconectada de la realidad externa. Para 1994 había progresado bastante como para ser incluida en nuestro programa de autoestima. Hoy en día, R.P.G. es una integrante más y no muestra ningún signo

de agresión a sí misma. Participa en todas las actividades grupales, y se dirige directamente a los demás, tanto al preguntar como
al responder. Le gustan, en particular, las artes y manualidades;
crea hermosos objetos de barro.

A la edad de 23 años, S.E.T. vivía en la calle. Cuando se
unió a nuestro programa, en 1995, había sido diagnosticada con
retraso mental y exhibía ciertos problemas de conducta. En ese
tiempo, ella no tenía coordinación física y, a menudo, parecía
desorientada en su entorno. Con frecuencia se caía. En Los Pipitas, S.E.T. aprendió nuevos hábitos de cuidado a sí misma y
ahora es una persona de aspecto pulcro y aseado. Las actividades
de Gimnasia para el cerebro la ayudaron. Ahora puede caminar
sin caerse, y nunca se pierde una clase. Lo mejor de todo es que
ha retornado a casa con su madre, quien ya puede aceptarla.

M.J.A. sufre de artritis juvenil, por lo que debe usar silla de
ruedas. Cuando acudió a nosotros en 1994, a la edad de 23, podía
leer y escribir, pero no era capaz de levantar los brazos o hacer
algún tipo de trabajo físico. Hoy en día es bastante más autosu-
ficiente y ha aprendido a empujar su silla con los pies. Es capaz
de trabajar con la habilidad de supervisar a otros grupos en el
Centro; en casa prepara sus propios alimentos y realiza trabajo
de cuidar niños pequeños. Ella tomó todo el curso de Gimnasia
para el cerebro en 1997 y fue una alumna sobresaliente.

Educación recreativa para niños

Una tarde a la semana, entre las 2:00 y las 5:00, nos reunimos
para una sesión de educación recreativa con aproximadamente
80 niños y niñas con diagnósticos de diversos desórdenes. Comenzamos con las fases de integración y dar la bienvenida, pre-
sentando el PASO y dos actividades de Gimnasia para el cerebro
relacionadas con el tema de la semana (por ejemplo, mejorar
la concentración). La segunda fase es un periodo de actividad
motora gruesa. Trabajamos con una metodología que destaca la

estimulación de la percepción y la coordinación mediante un entrenamiento psicomotor, y música con movimiento. En la tercera fase, periodo de actividad motora fina, utilizamos técnicas de educación especial y terapia ocupacional para apoyar el desarrollo de la coordinación mano-ojo para realizar tareas, como pintar, pegar o cortar. Nos centramos en enseñar a los niños y niñas destrezas básicas, así como prácticas de higiene personal que promueven su independencia. A continuación describo algunos cambios maravillosos que ocurrieron.

C.E.G. es un niño de 6 años que ha tenido parálisis cerebral y dificultades de lenguaje. Cuando vino a Los Pipitos en 1993, era incapaz de caminar o hablar y no podía entender instrucciones. Participaba en el grupo de estimulación temprana y aprendió a caminar con la ayuda de un soporte ortopédico. Aunque aún no habla, participa con entusiasmo en las actividades de educación recreativa.

Cuando J.A.Z. llegó al Centro, en 1992, tenía 16 años y su diagnosis era síndrome de Down. Caminaba con dificultad, no hablaba y tampoco seguía instrucciones. Su único interés era jugar con autos pequeños de juguete y a la pelota. J.A.Z. logró impresionantes avances en su desarrollo gracias a su perseverancia y su compromiso con el programa. Hoy es un participante bien integrado en las actividades grupales. Comprende y responde instrucciones, y ha aprendido reglas sencillas de juego. Es capaz de comunicarse mediante signos y expresarse dibujando figuras y haciendo recortes. Ha comenzado a hablar.

R. y C.R. han sido estudiantes en Los Pipitos desde que comenzamos nuestra labor en 1992. Hermanos con edades de 15 y 17 años, respectivamente, habían sido diagnosticados con severo retraso mental, asociado con desórdenes emocional y de conducta. Cuando llegaron al Centro, R. no hablaba y se escondía del grupo. C.R. era agresivo y destructor; se resistía ante cualquier reglamento y, al igual que su hermana, no podía expresarse.

Tanto R. como C.R. han mostrado un avance continuo en su desarrollo. R. se ha integrado de manera excelente: disfruta todas las actividades de grupo, especialmente la danza. Aún presenta dificultad para entender a las personas y, a veces, evita el contacto. Sin embargo, ahora puede verbalizar sus deseos y está aprendiendo a relacionarse de mejor manera. C.R. ha tenido un progreso radical en su comportamiento. Ha desarrollado un interés por los procedimientos en distintas labores y su interacción con otros miembros del grupo es buena. Su habilidad de razonamiento ha mejorado, así como su coherencia al expresarse. Se muestra tranquilo y cooperativo con su madre y sus maestros.

M.Y.E.M. es invidente y presenta malformaciones congénitas. Cuando llegó con nosotros a la edad de 11 años, hablaba muy poco y no podía caminar sin ayuda. Era excesivamente tímida y retraída. Durante un periodo de dos años, M.Y.E.M. aprendió a caminar por sí misma. Los otros niños en su grupo la ayudaban con signos acústicos; ahora ella habla suficientemente bien para participar por completo en las actividades, y su personalidad jovial ha emergido. Su madre nos contó que está lista para darle más libertades y responsabilidades en casa.

L.C.V. es un chico de ocho años con síndrome de Down. Cuando llegó a Los Pipitas mostraba hiperactividad y una conducta destructiva. Era marcadamente antisocial, pues permanecía alejado del resto del grupo, y se negaba a compartir las actividades asignadas. Después de dos años en nuestro programa, ahora es capaz de asistir a una escuela especial. Habla bien, comprende las formas básicas y los colores, y le encanta jugar con otros niños. Pese a su hiperactividad, ha aprendido a controlar sus impulsos en el entorno de un grupo.

Estos son solo algunos ejemplos de las múltiples transformaciones que han ocurrido a partir de que Gimnasia para el cerebro fue introducida en Los Pipitas. Desde que la incorporamos a nuestros programas, la hemos puesto en práctica diariamente para ayudar, no solo a los alumnos, sino también a sus familias y a toda nuestra comunidad.

Katherina Pfoertner es instructora de Gimnasia para el cerebro y educadora en Estelí, Nicaragua; es especialista en el trabajo con niños y niñas, así como adultos jóvenes a quienes les han sido diagnosticados desórdenes mentales o físicos.

Ilse Jakobovits, enfermera titulada, es instructora de Gimnasia para el cerebro en Utah, EUA; ha impartido cursos en Nicaragua, España y Chile.

Testimonios

Mi hijo Saúl tiene 11 años. Ha estado haciendo movimientos de Gimnasia para el cerebro durante los últimos dos meses en su nueva escuela y está teniendo un avance impresionante en el área académica. Al final del segundo grado, Saúl fue diagnosticado con dificultades de aprendizaje. Tenía suerte si deletreaba correctamente seis de 21 palabras en clase. La ortografía y el trabajo escrito eran para él (y para mí) una pesadilla. El estrés le producía eccemas y lloraba todos los fines de semana porque no podía hacer su tarea.

Hace poco cambié a Saúl de escuela, y la nueva usa los movimientos de Gimnasia para el cerebro de manera intensa. ¡Saúl parece otro niño! Ahora deletrear no le cuesta ningún trabajo. Termina a tiempo su trabajo escrito. Tiene buena autoestima y los problemas de la piel desaparecieron. Estoy tan impresionada con el aprendizaje de mi hijo que ahora recomiendo el programa de Gimnasia para el cerebro a todos los padres de familia que conozco.

Caty Borthwick, Ontario, Canadá

Fernando tenía algunas dificultades de aprendizaje que le hacían muy difíciles algunas áreas del trabajo en la escuela. Para ayudarlo, sus papás lo habían llevado a diferentes terapias, pero ninguna había logrado ayudarlo. Un sábado, Fer participó en una actividad que duró todo el día, llamada "Niños divertidos", y dirigida por mí. Allí Fernando aprendió los movimientos de Gimnasia para el cerebro.

A Fernando le gustaron mucho los diferentes "juegos de atención" que hacía con los demás niños y ese día aprendió más de 16 movimientos diferentes de Gimnasia para el cerebro: unos que ayudan cuando uno está preocupado o asustado, otros que ayudan a concentrarse cuando uno necesita aprender algo nuevo, y otros muy buenos para mejorar la memoria.

Al final del día de "Niños divertidos", Fernando estaba un poco preocupado y distraído, porque tenía un examen de matemáticas una semana después y no se sentía muy seguro de que lo aprobaría. Cuando acabó "Niños divertidos", Russell le propuso a Fer que practicara los movimientos de Gimnasia para el cerebro todos los días. Y eso hizo Fer, pero algunas veces los practicaba dos o tres veces al día.

Dos semanas después, Fernando llamó a Russell, muy emocionado, y le contó que le había ido tan bien en el examen que había obtenido, por primera vez, la calificación más alta de su clase. Fernando estaba feliz de la vida, porque antes siempre obtenía las calificaciones más bajas en matemáticas. Los papás de Fernando están muy contentos por la transformación que lograron estos simples movimientos de Gimnasia para el cerebro, después de tantos años, tanta energía y tanto dinero invertidos en terapias que no funcionaron. La Gimnasia para el cerebro realmente le funcionó a Fernando.

Fernando tiene 10 años de edad y vive en Ciudad de México
Russell Gibbon, Director de Gimnasia para el cerebro, Ciudad de México

Hace un año, cuando mi hijo Pedro José entró al primer grado, no tenía control de su cabeza ni de sus brazos y piernas; parecía un niño con parálisis cerebral; su vista carecía de control y no se le entendía cuando hablaba; era muy nervioso. Actualmente Pedro tiene 7 años y ya terminó el primer grado. Con la ayuda de la maestra Lupita, que le ha tenido mucha paciencia (y con los movimientos que me ha enseñado para hacer con mi hijo en las tardes), Pedro ya se comunica con un poco más de claridad, controla el movimiento de ojos, cabeza, brazos y piernas, y ya aprendió a defenderse de otros niños. Mi esposo y yo damos gracias a Dios y a la maestra Lupita que nos dirige con los movimientos de Gimnasia para el cerebro porque antes pensábamos que nuestro hijo era "enfermo mental" y nunca se recuperaría. Damos gracias al doctor Dennison y a sus ejercicios de Gimnasia para el cerebro.

Angélica Caro Silva,
Ciudad de México

Debido a que el lapso de atención de mi hijo de 11 años era demasiado corto, el médico le recetó Ritalín. Pero las actividades de Gimnasia para el cerebro le permitieron concentrarse y prestar atención sin la ayuda de químicos. Su maestra quedó asombrada con los cambios positivos e inmediatos que tuvo.

Sandy Zachary, Directora de Escuela, EUA

Había estado buscando desde hacía algún tiempo un talento particular, cuando tomé una clase de Gimnasia para el cerebro. Como parte del curso hicimos algunas actividades para estimular la escritura. Una semana después, comencé a escribir una novela... y no pude parar. Escribí noche y día hasta terminar el primer borrador, en tres semanas.

Mary L., EUA

Ayuda para los pacientes con Alzheimer

Me llamaron para trabajar con un hombre de 78 años aún fuerte y bien parecido, pero que sufría la enfermedad de Alzheimer... Trabajé con él algunas actividades de la Gimnasia para el cerebro® y Edu-K®. Después de la primera sesión de terapia, el hombre recordó el nombre de su esposa y fue capaz de reconocer el nombre de ciertos colores...

Durante la tercera sesión comenzó a recordar un importante número de palabras, así como los nombres de sus hijos y, cuando le tendí la mano para despedirme, la besó con lágrimas en los ojos. Me sorprendió que hubiera recordado sus buenos modales, a lo que contestó, ante mi sorpresa: "Un hombre debe ser caballero".

Svetlana Musgutova, Terapeuta

Mejora destrezas atléticas

Comencé a hacer Gimnasia para el cerebro porque había llegado a un estancamiento muy frustrante para mí en el juego de golf. No conseguía reducir más allá de 18 puntos de ventaja. Lo que necesitaba era mejorar mi nivel básico de coordinación física, y fue exactamente lo que la Gimnasia para el cerebro me ayudó a lograr. Después de seis meses, había ganado el primero de los cuatro trofeos y reduje la ventaja a 10 puntos.

Paul Curlee, Médico, EUA

Blanca Rosa es una pequeña que ha vivido en varios países del mundo, porque su papá es diplomático. Para alguien tan pequeño, los cambios de país y casa han causado probablemente cierta confusión (los amigos de Blanca Rosa han cambiado tantas veces como su casa). A Blanca Rosa le costaba trabajo comunicarse con sus papás y sus maestros, y muchas veces se enojaba. Además pasaba del mal humor a la tristeza y de regreso la mayor parte del tiempo. Y a la hora de dormir, se quejaba y no quería irse a la cama. Casi todas las noches, lograr dormir era una batalla con sus papás. Y cuando dormía, muchas veces se despertaba a la mitad de la noche.

Gabriela, la abuela de Blanca Rosa, aprendió Gimnasia para el cerebro conmigo en la Ciudad de México, y le enseñó a Blanca Rosa los diferentes movimientos. En solo dos semanas, Gabriela descubrió cambios muy notorios en Blanca Rosa. Después de practicar la Gimnasia para el cerebro, Blanca Rosa no se resistía tanto a la hora de ir a dormir. En cambio, se ha sentido muy contenta de ir a dormir a la hora correcta, y ha dormido bien, profundamente y sin interrupciones; ahora descansa mejor.

Sus habilidades para comunicarse también están mejorando; tiene más confianza en ella misma, se diverte más, consigo misma, con su abuela y con la Gimnasia para el cerebro, y todo ello se refleja tanto en su comportamiento, que ahora es más calmado, alegre, menos confuso, como en una actitud más positiva hacia todos los que la rodean.

Blanca Rosa tiene 8 años y vive en Ciudad de México
Russell Gibbon, Director de Gimnasia para el cerebro, Ciudad de México

Hasta que tuve la experiencia de la Gimnasia para el cerebro me resultaba imposible seguir una tonada. Bastó solo una sesión de

Gimnasia para el cerebro para que finalmente pudiera cantar en público sin lastimar los oídos de los escuchas.

Donna Sewell, Maestra

&

Jorge llegó a mi oficina un día con su mamá, que estudia conmigo Gimnasia para el cerebro, y hablamos de las cosas que Jorge quería cambiar. Hasta ese día, Jorge se ponía muy nervioso cuando estaba en un edificio alto, como su escuela, o arriba de escaleras eléctricas o segundos pisos, y se preocupaba mucho pensando en la altura a la que estaba de la tierra firme.

Decidimos trabajar juntos utilizando la Gimnasia para el cerebro, para cambiar la manera en que Jorge reaccionaba cuando estaba en lugares más altos que el suelo. Le pregunté qué le gustaría sentir cuando estuviera en lugares altos y dijo: relajado, seguro de mí mismo, con confianza. Y analizamos la manera como se había sentido en el pasado (nervioso). Así, conocíamos el pasado y sabíamos qué futuro quería Jorge. Entonces, nos dedicamos a hacer un "Balance de Gimnasia para el cerebro", practicando diferentes movimientos que Jorge escogía del libro, y especialmente, aquellos que nos ayudan a relajarnos: Ganchos, Puntos positivos, Botones de tierra y tomar agua. También, Jorge cerró los ojos y se imaginó a un amigo suyo a quien él admira mucho, y que siempre está contento y confiado cuando está a cierta altura por encima del piso. Cuando Jorge y yo terminamos el Balance de Gimnasia para el cerebro, le pedí que imaginara estar en el último piso del edificio más alto de su escuela. Cerró los ojos y lo imaginó, al mismo tiempo que practicaba los Ganchos (página 49). Me dijo que se sentía bien y sonrió. Había perdido el nerviosismo.

He vuelto a ver a Jorge varias veces desde aquel día y él y su mamá siempre me cuentan que ahora él está perfectamente tranquilo y contento cuando sube a lugares que están arriba del piso, con sus amigos, su familia o solo.

Jorge tiene 10 años y vive en Ciudad de México
Russell Gibbon, Director de Gimnasia para el cerebro, Ciudad de México

❧

Yo hago Gimnasia para el cerebro antes de cada presentación.

Valerie Mahaffey, Actriz ganadora del premio Emmy

❧

Conocí a una maestra de mi área que se quejaba de la dificultad de su esposo para hablar, así como lo difícil que le resultaba encontrar el equilibrio, pues había perdido fuerza después de sufrir una embolia.

La invité a la clase 101 de Gimnasia para el cerebro y después de la segunda sesión, le sugerí que invitara también a su esposo. Fue asombroso ver los cambios ocurridos durante la sesión: el hombre comenzó a hacer el gateo cruzado sin ayuda, y empezó a hablar con más claridad... ¡estaba tan contento!

Llamé al matrimonio dos meses después para saber cómo iba el hombre, y la mujer me respondió: "No sé, me asusta. Ahora conduce el auto y habla todo el tiempo". (¿Estaría haciéndose demasiado independiente y eso no le gustaba a ella?)

Ilse Jacobovits, Enfermera Titulada, instructora
de Gimnasia para el cerebro, Utah, EUA

❧

Enseñamos Gimnasia para el cerebro a 11 niños que tenían dificultades para aprender. Después de cinco días, la calificación en sus exámenes de lectura y matemáticas mostró un avance de poco más de un año y cuatro meses, pese a que nuestro programa de estudios no incluía lectura ni matemáticas.

Pat y David Saunders, Directores de escuela, EUA

≈

Después de dar una sesión introductoria de Gimnasia para el cerebro en una escuela, una mamá se acercó a mí y me preguntó si podía ver a Daniel, un chico de 16 años que actuaba como si tuviera 10, y tenía amigos de 10 años. Me dijo que había tenido varios problemas de conducta, emocionales y de comunicación, y lo habían llevado a todas las terapias disponibles para tratar de ayudarlo.

Daniel tuvo una enfermedad después de nacer que le provocó que sus ojos se le fueran constantemente hacia un lado. La postura de su cuerpo era flácida, todo el tiempo estaba mirando hacia el suelo, con la mandíbula apretada. Daniel tenía una autoestima muy baja.

Empezamos con "juegos para el cerebro" e inmediatamente me di cuenta de que era muy listo y ponía antención, y era mucho más inteligente de lo que me habían dicho. Hicimos El energetizador, PASO, El elefante, y otros 12 movimientos de Gimnasia para el cerebro; también hicimos otros movimientos de Vision Gym.

Daniel mostraba más interés, tenía una actitud más positiva y estaba más dispuesto a aprender con cada movimiento de Gimnasia para el cerebro que le enseñaba. El movimiento que marcó la diferencia para Daniel fue dibujar Ochos perezosos enormes en un papel que habíamos sujetado a la pared. Al principio, sus ojos estaban a pocos milímetros de distancia del papel conforme trazaba, a la velocidad de un caracol, una línea titubeante y llena de picos. Sostuve su mano y su brazo y lo guié durante un rato, gradualmente acelerando el paso y agregando fluidez al movimiento y al movimiento de todo su cuerpo. ¡De pronto, Daniel soltó mi brazo y trazó un inmenso, fluido y grácil Ocho perezoso completamente solo!

Una semana después, di una charla sobre la Gimnasia para el cerebro en una escuela cercana, y el director, sin saber nada de lo anterior, comenzó a contarme de un niño que conocía, llamado Daniel, que tenía terribles problemas desde su nacimiento... tal vez yo podría ayudarlo. Me dijo: "Pero sabe, algo debe haberle pasado a Daniel porque cambió tanto recientemente, ahora tiene más confianza y su postura y su forma de caminar han mejorado notablemente".

Russell Gibbon, Director de Gimnasia para el cerebro, Ciudad de México

Analuz (que tiene 14 años de edad) y yo estamos muy agradecidas por tu ayuda. En sus palabras, "me está funcionando muy bien la Gimnasia para el cerebro". Y en las mías, "¡Uf, qué alivio!" El cambio es tan notorio, tanto en actitud, manejo del enojo, concentración y retención de matemáticas. Muchas gracias, instructores de Gimnasia para el cerebro.

Erica Cohen, Tepoztlán, Morelos

Con los ejercicios de Gimnasia para el cerebro que mi hija Rita de 12 años aprendió cuando cursaba 5° y 6° de primaria, con la maestra Lupita lgnorosa, logró pertenecer a la escolta de la escuela (algo que nunca imaginábamos en la familia), adquirió confianza en sí misma y mejoraron notablemente sus calificaciones.

Actualmente Rita cursa el primer grado de secundaria, tiene excelentes calificaciones, y ayuda a sus hermanos que están en la preparatoria. Estamos admirados con su avance. Yo también soy maestra y Rita me ayuda mucho y me da confianza y seguridad en lo que yo realizo.

Marisela Díaz Méndez, Maestra Normalista, Ciudad de México

∾

Fui a Chile en 1989 con mi amiga Edna Harr, que tenía una gran experiencia como maestra de Gimnasia para el cerebro y era una persona muy simpática y divertida. Murió al año siguiente. Habíamos formado un grupo de 12 o 14 personas entusiastas, entre las que estaba Carmen, una mujer del desierto del norte de Chile. Carmen vivía en una pequeña población donde había solo una escuela y una maestra para todos los grados escolares. En esa escuela había un niño de 12 años que no sabía leer, de manera que la maestra terminó por intencionalmente saltarlo cuando iba a pedir a alguien que leyera en voz alta, para no avergonzar al muchacho frente al grupo.

Carmen había ayudado a la maestra durante un largo tiempo, y ahora que había aprendido Gimnasia para el cerebro, podría utilizar sus actividades con sus alumnos. Al llegar, inmediatamente empezó a enseñar los movimientos y balanceos al niño. Dos meses después, la maestra olvidó saltar al niño y le pidió que leyera. Y él empezó a leer de manera fluida, ante la enorme sorpresa de ella y del grupo.

Puedo imaginar la satisfacción del niño y el impacto que la experiencia tuvo en su vida.

Ilse Jacobovits, Enfermera Titulada,
Instructora de Gimnasia para el cerebro, Utah, EUA

∾

Después de terminar su curso introductorio de Gimnasia para el cerebro, Elda, que vive en Cuernavaca, Morelos, empezó a utilizar el PASO todos los días con sus alumnos de primaria. También les enseñaba otros movimientos específicos de Gimnasia para el cerebro, dependiendo de los retos particulares de cada niño. Álvaro era un niño muy difícil: tenía un comportamiento negativo y no podía mantener la atención. En la escuela estaban preocupados por él. Entonces Elda le enseñó el PASO y otros movimientos, incluyendo el propósito, intención y beneficios de los mismos.

Después de algunos días, Álvaro decidió por sí mismo, sin ninguna sugerencia de Elda o de otra persona, cambiar de mano para escribir. Lo curioso es que cambió de la mano izquierda a la derecha, que es lo opuesto a lo que comúnmente vemos los que nos dedicamos a la Gimnasia para el cerebro. Sin embargo, en un lapso muy breve después de cambiar de mano, la atención de Álvaro y su comportamiento se transformaron de manera muy notoria. ¡Ahora, Elda tiene a uno de los alumnos más equilibrados, atentos y mejor portados en su salón de clase!

Russell Gibbon, Director de Gimnasia para el cerebro, Ciudad de México

∼

Descubrí que puedo leer con rapidez. Percibo la historia completa antes de ver las palabras.

Estudiante de 16 años, Australia

∼

Mejora destrezas atléticas:
El desempeño en el juego mejora sin interferencia de la mente consciente. Es una ruta muy elegante para mejorar el juego. Recomiendo el proceso a todos los interesados en mejorar y tener un desempeño que los deje más satisfechos.

Chuck Hogan, Golfista Profesional e Instructor, EUA

¡Los resultados me sorprendieron... y también a mis contrincantes!

Peter Cox, equipo olímpico de esgrima, EUA

Escritura y creatividad:
Realicé una sesión antes de la lectura pública de una nueva obra, y nunca me sentí tan relajado y en contacto con mi mente y mis emociones.

John Pielmeler, Dramaturgo ganador del premio *Tony*

Vea los testimonios de los niños, pág. 65.

REFERENCIA PARA PADRES Y EDUCADORES

Combinación de movimientos para habilidades específicas

Habilidades para la lectura
Cruzando la línea media visual
(Mover los ojos horizontalmente sin inhibir el cerebro receptivo.)
Botones de cerebro, pág. 43
Gateo cruzado, pág. 20
Ocho perezoso, pág. 21
Traza una línea con tus ojos de lado a lado

Habilidades de organización
(Mover los ojos verticalmente y horizontalmente sin confusión.)
Botones de tierra, pág. 44
Botones de espacio, pág. 46
Botones de equilibrio, pág. 45

Cruzando la línea media, auditiva
(Escuchar activamente, implicando tanto la información retroactiva interna y externa como la información por aprenderse.)

Sombreros de pensamiento, pág. 48
Gateo cruzado, pág. 20
El elefante, pág. 25
Ganchos, pág. 49

Comprensión de la lectura

(Lectura enfocada implicando anticipación e internalización del lenguaje.)
Bombeo de pantorrilla, pág. 37
Flexión de pie, pág. 36
Balanceo de gravedad, pág. 38
Toma a tierra, pág. 39

Lectura oral

(Lectura expresiva con emoción e interpretación.)
Rotación de cuello, pág. 26
Bostezo energético, pág. 47
Gateo cruzado, pág. 20
La mecedora, pág. 27
Respiración de vientre, pág. 28

Habilidades para escribir y para las matemáticas
Coordinación de mano-ojo

(Caligrafía, escritura en cursiva y dibujos en los campos visuales izquierdo, derecho, superior e inferior.)
Ocho perezoso, pág. 21
Ocho alfabético, pág. 23
Activación de brazo, pág. 35
Garabato doble, pág. 22

Escritura creativa

(La habilidad de integrar experiencias del cerebro posterior impresiones en el lenguaje.)

Bombeo de pantorrilla, pág. 37
Flexión de pie, pág. 36
Actividades de coordinación mano-ojo
Bostezo energético, pág. 47

Deletreo
(La habilidad de tener acceso a la reserva de la memoria visual y
de formar interpretaciones auditivas al mismo tiempo.)
El elefante, pág. 25
El búho, pág. 34
Sombreros de pensamiento, pág. 48

Matemáticas
(La habilidad para trabajar en un medio multidimensional, mul-
tidireccional.)
El elefante, pág. 25
El búho, pág. 34
Bombeo de pantorrilla, pág. 37
Rotación de cuello, pág. 26
Balanceo de gravedad, pág. 38
Garabato doble, pág. 22

Habilidades para el aprendizaje independiente
Técnicas para el estudio en casa
(Integración para el diálogo interno y la visión interna, lo que se
refiere a menudo al pensamiento.)
Gateo cruzado, pág. 20
Botones de equilibrio, pág. 45
Puntos positivos, pág. 51
Rotación de cuello, pág. 26
El búho, pág. 34
El elefante, pág. 25

Pensamiento creativo
(La habilidad de integrar el trabajo de otros con la vida
y el pensamiento de uno mismo.)
Mira una X, pág. 31
Gateo cruzado, pág. 20
Todas las actividades de estiramiento, págs. 33-39
El energetizador, pág. 30
La mecedora, pág. 27
Garabato doble, pág. 22

Tomando exámenes
(Relajando las mariposas.)
Agua, pág. 42
Respiración de vientre, pág. 28
Gateo cruzado, pág. 20
Puntos positivos, pág. 51
Ganchos, pág. 49
Botones de equilibrio, pág. 45
Flexión de pie, pág. 36
Garabato doble, pág. 22

Lectura veloz
(Tener la habilidad de hojear y comprender lo leído.)
Ochos perezosos y alfabéticos, págs. 21, 23
Gateo cruzado, pág. 20
Mira una X, pág. 31
Todas las actividades de estiramiento, págs. 33-39

Habilidades para la ecología personal
Productividad con la máquina de escribir
o con la computadora
(Protección contra las posibles influencias negativas de los equi-
pos electrónicos.)

Agua, pág. 42
Ocho perezoso, pág. 21
Gateo cruzado, pág. 20
Botones de cerebro, pág. 43
Ganchos, pág. 49
Rotación de cuello, pág. 26
Bombeo de pantorrilla, pág. 37

Viajar en autobús, avión, automóvil
(Cruzar la línea media en movimiento.)
Ocho perezoso, pág. 21
Botones de equilibrio, pág. 45
Puntos positivos, pág. 51
Ganchos, pág. 49
Rotación de cuello, pág. 26

Habilidades de autoconciencia
Autoconcepto
(La habilidad de valerse por sí mismo en cualquier situación.)
Puntos positivos, pág. 51
Ganchos, pág. 49
Botones de equilibrio, pág. 45

Coordinación total del cuerpo para los deportes y juegos
(Las conexiones cerebro/cuerpo necesarias para tomar decisiones mientras se está en movimiento.)
Mira una X, pág. 31
Gateo cruzado, pág. 20
Botones de equilibrio, pág. 45
La mecedora, pág. 27
Botones de espacio, pág. 46
El energetizador, pág. 30

ACERCA DE LOS AUTORES

El doctor **Paul E. Dennison** es un educador profesional, pionero en la investigación aplicada del cerebro y una autoridad en destrezas cognitivas y de lectura. Recibió el doctorado en educación por su investigación sobre lectura y desarrollo cognitivo. Su investigación clínica en Estados Unidos de América acerca de las causas y tratamiento de las dificultades en lectura dieron como resultado la Kinesiología Educativa y *Brain Gym*, Gimnasia para el cerebro. En la actualidad, tales programas son utilizados en más de ochenta países alrededor del mundo y su obra traducida a más de cuarenta lenguas.

En 1999, Paul y Gail Dennison recibieron el prestigioso galardón Reading Excellence Through the Arts Award por parte de la Asociación Internacional de Lectura, International Reading Association, por su "ejemplar labor a favor de la infancia, los maestros, el alfabetismo y las artes".

Gail E. Dennison es Educadora de Salud Holística y desde 1971 se ha dedicado a dirigir grupos orientados al crecimiento. Ha enseñado *Touch for Health* (John F. Thie) en colegios comunitarios, centros holísticos y grupos de mujeres en el área de Los Ángeles desde 1977. Actualmente es la Directora de Movimiento Integrado para Edu-Kinesthetics. Su descubrimiento de los métodos del doctor Dennison fue la realización de su sueño de toda la vida: trabajar creativamente con la integración de cuerpo y mente. Además añade a su trabajo antecedentes de arte, danza y teatro.

Madre de dos hijos muy creativos (también ardientes entusiastas de la Gimnasia para el cerebro) se mantiene muy activa viajando por el mundo y trabajando con libros y otros proyectos relacionados con la Gimnasia para el cerebro junto a su esposo.

Aprende mejor con gimnasia para el cerebro®
se terminó de imprimir en la Ciudad de México
en febrero de 2021 en los talleres de Impresora Peña Santa S.A.
de C.V., Sur 27 núm. 457, Col. Leyes de Reforma, C. P. 09310,
Ciudad de México. En su composición se
utilizaron tipos Bembo Regular
y Bembo Italic.